품질의 맥

품질의 맥 개정판

2판 발행일 2020년 5월 15일
초판 발행일 2018년 1월 8일

지은이	지경철		
펴낸이	손형국		
펴낸곳	(주)북랩		
편집인	선일영	편집	강대건, 최예은, 최승헌, 김경무, 이예지
디자인	이현수, 한수희, 김민하, 김윤주, 허지혜	제작	박기성, 황동현, 구성우, 장홍석
마케팅	김회란, 박진관, 장은별		

출판등록 2004. 12. 1(제2012-000051호)
주소   서울특별시 금천구 가산디지털 1로 168, 우림라이온스밸리 B동 B113~114호, C동 B101호
홈페이지 www.book.co.kr
전화번호 (02)2026-5777   팩스   (02)2026-5747

ISBN   979-11-6539-214-7 03320 (종이책)   979-11-6539-215-4 05320 (전자책)

이 도서의 국립중앙도서관 출판예정도서목록(CIP)은 서지정보유통지원시스템 홈페이지(http://seoji.nl.go.kr)와
국가자료공동목록시스템(http://www.nl.go.kr/kolisnet)에서 이용하실 수 있습니다.
(CIP제어번호: 2020019545)

품질의 맥

품질인을 위한 현장 밀착형 품질혁신 노하우

지경철 지음

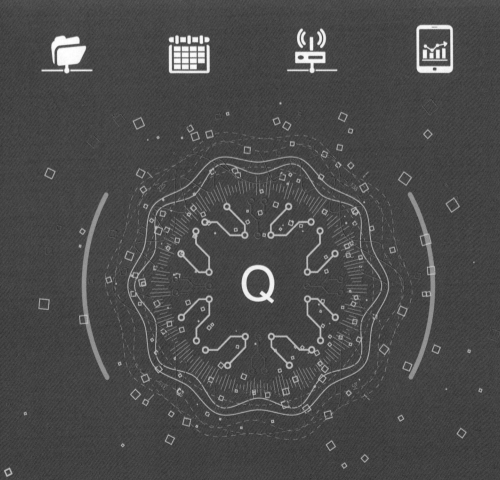

Q

북랩 book Lab

PROLOGUE

 처음 그룹 공채로 입사하여 수입검사를 시작으로 품질 업무를 23년 동안 지속적으로 경험하고 느끼고 실행해 왔다. 그 경험을 바탕으로 한 노하우를 다소 부족하지만 전하고자 한다. 이제 품질과 관련된 업무를 시작하거나, 이미 진행하고 있거나, 품질 전문가로 가기 위해 준비하는 사람이거나, 품질 관련 부서에 취업을 준비하거나, 나아가 품질 안정을 위한 혁신을 필요하다고 느끼는 경영진에게 필요한 내용을 위주로 풀어가고자 한다. 전문적이고 세부적인 사항에 대해서는 더 잘 알고 계시는 분들이 많다고 생각한다. 따라서 이 책에서는 품질 전반에 대한 개념과 흐름, 그리고 방법론에 대해 다루고자 한다. 중견기업, 중소기업에 종사하시는 분들이 품질실무에 직접 활용할 수 있고 기업의 품질실패비용 저감에 도움이 되는 가장 효율적인 방법론과 개인적인 노하우를 소개할 것이다.

 품질과 관련된 여러 가지 이론과 학회에서 발표된 내용들이 이미 많이 존재하고, 품질 전문가인 유명 교수님도 많으셔서 품질 발전에 기여하고 계시다. 하지만 이러한 정보와 활동들이 기업과 우리나라의 품질 발전을 위해 현재보다는 더 많은 실질적인 도움을 줄 수 있었으면 한다. 개인적으로도 대학교나 일반 교육 기관에서 많은 품질교육을 받았지만 실제 기업에서 활용할 수 있는 경우는 다소 제한적이었다. 또한 품질실무를 운영하다 보면 우선순위와 방법론을 많이 바꾸어야 하는 경우가 많았다.

그래서 품질 정책 및 기획, 설계, 검증, 협력업체, 제조, 출하, 고객, AS 등 품질 프로세스별 전체 과정에 대해 살펴보고 프로세스 맵핑을 통해 기업과 품질실무자에 맞는 최적 방법론을 찾아 품질 실패비용을 최소화하는 것을 목적으로 이 책을 썼다. 1997년 입사 이후 이론과 실무 측면에서 품질 전문가가 되기 위해 품질 관련 서적을 조회하고 구입하려 했으나 안타깝게도 실무와 관련된 서적은 찾아볼 수 없었다. 주로 품질경영 일반, 품질경영기사, 6시그마, 품질관리기술사 등 일반적인 사항과 자격증 위주의 서적만 있었다. 이런 상황이라면, 고가의 품질컨설팅을 선택하더라도 실제 컨설팅 후의 결과물은 훌륭하나 실제 기업의 품질 실적과 실패비용 감소에는 크게 도움이 되지 않을 수 있고, 실무보다는 이론 위주의 지도를 하게 되어 서로 간의 신뢰가 결여되며, 일회성 이벤트로 끝나게 된다. 물론 이 부분을 잘하고 있는 기업과 컨설턴트도 많이 있다고 생각한다.

물론 개인적인 생각이지만 실제 기업과 품질실무자가 필요로 하는 품질수준과 우리나라의 품질 정책을 이끄는 기관이나 전문가의 품질수준 차이가 너무나 커 보인다. 품질을 검사, 보증, 품질경영, 고객만족, 고객가치로 나눠본다면 대부분 중견기업 이하 규모에서는 검사와 보증 단계의 수준에서 멈춰 있고, 기관이나 전문가들은 주로 고객만족과 고객가치 수준으로 방향과 정책을 검토하고 있어 이에 따른 격차가 존재한다고 생각한다. 그래서 결국은 고유 품질보다 경영 측면의 품질을 강조하다 보니 과거 대비 실제 고유 품질의 중요도가 떨어졌고 품질 전문가도 많이 없는 듯하다. 특히 제조업종에서는 이러한 고유 품질에 대한 중요성이 강조되어야 하지만 최근 서비스 업종이 많이 증가하여 경영 측면의 품질이 더 중요해질 수 있다고 본다.

4차 산업혁명 시대에 이르러 품질경영에 대한 패러다임은 더욱 복잡하고 광범위해지고 있다. 하지만 아무리 품질경영 전략이 최고로 좋은 것이라고 해도 기본 품질이 보장되지 않으면 사상누각이다. 현실적으로 아직 기본 품질이 확보되지 않거나 부족한 중견기업이나 중소기업도 많을 것이다.

품질에 대한 오해로 기업에 필요한 품질 정책과 방향성에 혼선이 없기를 바라며, 저자는 가장 중요한 고객 및 회사 관점에서 기본 품질 확보 방안을 강조하고 있다.

개인적으로 품질 관련 업무 경험과 실적을 살펴보면 수입검사, 반환제품 분석, ISO 9001/14000 담당, 최다 제안상 제1호 수상, 사내 제1회 제안 발표대회 대상 수상, 분임조 사무국장, 협력업체 품질평가 및 지도, 공장 TPS 관리시스템 구축, 제조원가 시스템 구축, 신뢰성 보증시스템 구축, 협력업체 Visual QI 시스템 구축, 사출 협력업체 품질혁신 팀장, AS Data 혁신 TFT 팀장, 신뢰성센터 구축, 신뢰성 프로세스 구축, 신제품 검증 DR 프로세스 구축, 품질 전문가 위원회 운영, 국제 안전규격시험실 구축, BB인증, 전사 이슈 대응 TFT 팀장, 전사 서비스기획 TFT 팀장, 전사 AS 정책 수립 TFT 팀장, 전사 고객요청/감성불만 혁신 TFT 팀장, 해외품질보증 시스템 구축, 품질 정책 수립, 일일 품질그물망 분석 센터 구축, 전사 품질실패비용 저감 TFT 팀장, AS 데이터 정합도 혁신 등 실무를 담당해 왔고, 품질경영팀, 품질관리팀, 품질보증팀, 신뢰성팀, 품질기획팀 등 품질과 관련된 모든 프로세스별 팀장을 역임해 왔다. 그동안 배운 실패와 성공인자를 바탕으로 기업에 진정 도움이 되는 맞춤형 품질경영에 대한 노하우를 공개함으로써 필요로 하는 분들에게 조금이나마 도움이 됐으면 한다.

　기업 관점에서 품질의 중요성은 기업문화와 CEO의 의지에 따라 크게 다를 수 있는데 품질 이슈가 발생할 때는 우선순위가 올라가지만 그렇지 않을 때는 잊히기 쉽다. 품질은 '잘해야 본전이다'라는 말도 있다. 결국 품질비용으로 환산하여 관리되고 보여질 때 CEO의 관심과 투자의 의사결정이 쉬워지는 경우가 많다. 하지만 품질비용의 관점에서 관리되지 않은 기업들이 많아 아쉬울 따름이다.

　품질에 영향을 주는 인자들은 너무나 많다. 그래서 품질을 살아있는 생명체에 비유하기도 한다. 실제 살아서 움직이지는 않지만 우리가 모르는 사이에 움직이고 변하고 있다는 것은 사실이다. 이렇게 살아있는 생명체를 보이게 하고 사전에 관리하며 문제를 예방하는 것이 품질의 제일 가치라고 생각한다. 대부분 품질은 사후 관리 역할이라는 고정관념을 가지고 있어 문제가 없기만을 기대하고 막상 문제가 생기면 담당 부서에만 책임을 묻는 경우도 있을 것이다. 기업의 품질수준에 따라 다르겠지만 대부분 품질부서에 한해 품질을 안정시키고 관리하는 활동을 전개하고 있는 것이 실정일 듯하다. 전사적 품질경영을 해야 하는 이유는 모든 프로세스별로 품질에 영향을 주는 인자들이 다수 존재하기 때문이다.

모든 품질 활동들은 기업 입장에서 볼 때 비용으로 환산하여 관리가 가능하다. 품질비용은 크게 예방비용, 평가비용, 실패비용으로 나눠 볼 수 있는데 발생되는 비용 규모가 약 1:10:100 법칙을 따른다고 한다. 본론에서 자세히 언급하겠지만 비용, 시간, 인원, 노력 등 대부분의 요소들이 예방 단계에서는 1, 평가 단계에서는 10, 실패 단계에서는 100이 소요된다는 의미이다. 이렇듯 품질에서는 예방이 무엇보다 중요하고 예방이 최고의 부가가치를 창출한다는 의미이다. 하지만 대부분 기업의 품질실무자들은 이러한 품질비용 구조에 대해 이론적인 교육은 받았지만 기업 활동에 직접 활용하고 의사결정을 지원하는 데 잘 활용하고 있을지는 의문이다.

추가적으로 품질은 과연 어떤 구조와 프로세스, 조직, 인과관계를 가지고 있으며, 어떻게 효율적으로 회사 경영에 반영하여 최적의 솔루션을 찾을 수 있을지에 대해서도 알아보고자 한다. 물론 대기업 조직에서는 여기에서 언급되는 내용보다 더 잘 운영되리라 생각하고 주로 중견기업과 중소기업에 종사하시는 분들이 참조하시어 회사와 개인의 발전에 도움을 받으셨으면 한다. 모든 기업 활동은 비용과 연계되어 있어 품질이 반드시 기업 활동에서 반영되어야 하고 사전 관리되지 않으면 비용과 기업 리스크로 다가올 수 있다는 것을 인지했으면 한다. 품질의 전체 흐름을 이해하고 전사 조직과 연계된 활동을 통해 기업의 이윤과 가치를 증대하는 데 조금이나마 도움이 됐으면 하는 마음에서 이 책을 쓴다.

품질은 무조건 '완벽'을 추구하기보다 품질문제 발생 가능성을 낮추는 것이 더 중요할 것이다. 더불어 최고보다는 최적의 방법을 찾으며, 품질의 최고 가치인 예방을 통해 '품질은 잘해야 본전'이라는 고정관념을 깨고 기업의 경영이익에 크게 기여하여 품질인의 가치와 자부심을 높이는 데 최선을 다하고자 한다.

2020년 5월

지경철

CONTENTS

PART 03   품질의 핵심 요소

PART 04 품질의 맥 잡기

PART 01 품질의 개념

품질을 아는 것과 모르는 것은 천지 차이다

품질을 아는 것과 모르는 것은 천지 차이다. 새가 먹이 사냥을 위해 최대한 멀리 날아가 넓은 시야를 가지려고 하는 것은 먹이를 쉽게 찾아 한 번에 성공하기 위한 것이다. 먹이사냥에 한 번 실패하면 계속 먹이를 놓치기 쉽다. 따라서 먹이사냥을 잘하는 새는 많은 먹이를 쉽게 발견하고 한 번에 성공하는 새일 것이다.

품질도 마찬가지다. 지구상의 어느 회사에서든 작고 큰 품질사고는 발생되고 있을 것이다. 중요한 것은 얼마나 빨리, 그리고 정확하게 문제를 해결하고 예방하는가이다. 최대한 멀리 보고 예측해서 문제 발생 가능성을 제거하고 재발되지 않게 한 번에 해결하는 것이 이상적이다. 만약 초기에 진압에 실패하면 문제는 산불처럼 걷잡을 수 없이 커지고 해결하기 힘들어진다. 물론 이에 따른 품질 실패비용의 규모도 급격하게 커진다. 그래서 품질은 사후관리도 중요하지만 예방관리가 더 중요하다.

품질은 모두 돈

대부분 품질부서는 돈을 쓰는 부서라고 생각한다. 이는 업무가 돈을 버는 일이 아닌 비용을 쓰는 일 위주로 이루어지는 것처럼 보이기 때문일 것이다.

버는 돈이든 쓰는 돈이든 품질과 관련된 모든 활동들은 돈으로 표현될 수 있다. 이렇게 돈으로 표현된 것을 품질비용과 연계하여 보면 예방비용, 평가비용, 실패비용으로 나눌 수 있다. 즉, 예방하는 데 드는 돈, 평가하는 데 드는 돈, 그리고 실패로 인해 지불되는 돈으로 구분되는 것이다. 회사마다 다르겠지만 주로 실패비용 위주의 분석과 관리를 하는 경우가 많을 것이다. 회사마다 또는 실무자마다 품질비용을 관리하는 방법과 목적은 다르다.

품질의 모든 것은 돈으로 표현될 수 있고 품질의 활동은 돈으로 환산되어 과거와 현재 그리고 미래를 비교·분석하는 데 쓰인다. 그리고 그 결과는 우리의 품질 수준이 향상되고 있는가 평가하는 데 활용되기도 한다. 과거 대비 실패비용은 줄고 있는가? 예방과 평가비용이 증가하고 있는가? 품질부서는 절대 돈을 쓰는 부서가 아니며 돈을 버는 부서로 인정받을 수 있기를 기대한다.

품질은 항상 변하고 움직이는 살아 숨 쉬는 생명체

카멜레온은 주변 환경에 따라 몸 색깔을 자유롭게 변화시킨다. 하지만 주변에서는 잘 알아채지 못한다. 품질도 마찬가지라고 볼 수 있다. 사람, 방법, 기계, 재료, 환경 등에 의해 수시로 변한다. 품질은 알면 쉽고 모르면 어렵다. 품질은 눈에 보이는 것은 쉽지만 눈에 보이지 않는 것은 어렵다. 이때 바로 눈에 보이지 않는 것이란, 주로 품질변동이다.

눈에 보이지 않는 품질변동은 살아 숨 쉰다. 품질이 살아 숨 쉬는 단계는 설계, 협력사, 제조, 고객의 전 단계이다. 대부분 사람들은 초기 개발 단계에서는 문제가 없었던 품질이 양산하면서 문제가 되면 개발 당시에는 문제가 없었는데 왜 문제가 생기냐고 품질관리 요원이나 관리자에게 문의를 하거나 질책한다.

경험상 품질은 누구도 모르게 항상 변하고 움직이는 살아 숨 쉬는 생명체와 같아서 어려운 것이다. 하지만 알고 경험해 보면 쉽고 재미있다. 과거보다는 품질혁신을 이룰 수 있는 희망이 있다.

물론 품질의 완벽함을 보장할 수는 없지만 완벽에 도전할 수 있는 기회는 주어진다. 이제는 살아 숨 쉬는 생명체를 잡는 품질 사냥꾼이 되어 보자.

품질의 최종 목표는 고객만족

품질의 최종결과는 고객이 평가한다. 아무리 품질에 대해 내부적으로 자화자찬하더라도 고객이 불만족하면 결코 품질이 좋다고 볼 수 없다. 품질만족에는 남녀노소가 따로 없다.

고객은 내부고객과 외부고객으로 나눌 수 있는데 각각 요구사항이 다를 수 있다. 그렇다고 내부고객을 외면하고 외부고객만 고려할 수는 없다. 내부고객이 우선 만족해야 내부고객을 통해 외부고객을 더욱 만족시킬 수 있다. 즉, 품질의 최종 목표는 내부와 외부의 고객만족에 있다. 이 점을 꼭 염두에 두자.

품질의 기준은 고객과 시장이 결정한다.

:: 업무범위에 따른 품질 정의

품 질 Quality	제품이나 서비스가 고객의 요구사항을 만족시키기 위해 가지는 고유의 기능과 특성의 전체
품 질 관 리 Quality Control	품질에 대한 요구사항을 만족시키기 위해 제품을 제조하고 검사하여 관리하는 품질 운영상의 모든 기법과 활동
품 질 보 증 Quality Assurance	제품이나 상품이 품질에 대한 요구사항을 만족시키기 위해 실시하는 품질관리와 신뢰성을 통합한 체계적이고 시스템적인 모든 품질 활동
품 질 경 영 Quality Management	품질방침, 품질목표를 설정하고 품질시스템 내에서 품질기획, 품질관리, 품질보증, 품질개선 등의 업무를 통해 조직을 관리하고 조정하는 전반적인 경영기능의 모든 활동
품질시스템 Quality System	품질경영을 실행하는 데 필요한 조직의 구조, 절차, 프로세스와 자원 등의 문서화된 체계

품질에 대한 정의는 품질 업무 범위에 따라 정의될 수 있다. 즉, 품질에 대한 용어의 정의는 매우 다양하다. 정의가 유사해서 쓰는 용어가 다소 혼선이 있을 수 있다.

품질은 협의의 품질과 광의의 품질로 나눠볼 수 있는데, 협의의 품질은 제조자 관점, 광의의 품질은 고객 관점으로 생각할 수 있다. 그런데 품질은 광의의 품질로 해석하고 운영할 때 좋은 성과가 기대된다.

용어의 정의를 살펴보면 품질관리, 품질보증, 품질경영, 품질시스템 모두가 비슷해 보인다. 용어 범위의 크기를 따져본다면 품질관리, 품질보증, 품질경영, 품질시스템 순으로 볼 수 있다. 품질경영을 품질시스템과 같은 것으로 봐도 된다. 즉, 품질경영과 품질시스템이 가장 큰 범위라고 볼 수 있다. 품질시스템이 곧 ISO 시스템이다.

하지만 품질의 범위는 회사의 규모에 따라 달라질 수 있다. 물론 기본적으로 품질시스템을 유지·관리해야겠지만 경우에 따라서는 회사에 맞는 최적 시스템 운영이 필요해 보인다. 예를 들어 신뢰성 업무가 필요 없는 회사의 경우 비용과 시간 투자 등을 통해 품질보증 관련 조직과 프로세스 운영의 필요성이 있을지 검토가 필요하다. 품질시스템에서 무엇보다 중요한 것은 우리 회사에 맞는 최적의 품질시스템 운영을 통해 고객만족과 기업의 지속 가능한 성장을 이루어 낼 수 있는가라고 본다.

:: 품질경영에 대한 정의

품질경영에 관련된 용어는 주변에서 흔히 접한다. 품질용어 중에 가장 많이 사용되는 용어이다. 품질경영은 품질방침과 품질목표는 물론, 책임을 결정하는 것과 품질시스템 내의 품질기획, 품질관리, 품질보증, 품질개선과 같은 수단에 의해 이들을 수행하는 전반적인 경영기능에 관한 모든 활동이다. 그럼 품질경영을 실천하는 방안에는 어떤 것들이 있을까?

❶ 품질기획

품질에 관한 전반적인 전략과 방침을 세우고 품질정보, 조직, 운영, 프로세스, 데이터 분석 등 품질에 관한 전반적인 기획을 하는 업무이다. 이러한 품질기획을 통해 방향성을 설정하고 품질수준을 높이는 기능을 한다. 때로는 품질기획 기능에 대한 필요성과 역할에 대해 다소 부정적인 시각을 가지는 사람들이 있다. '품질은 처음부터 올바르게'라는 말이 이런 시각을 대표한다. Do it right the first time! 처음에 방향을 잘못 잡으면 산으로 간다. 이는 곧 품질 시스템 붕괴는 물론 이로 인한 어마어마한 품질실패비용을 야기할 것이다. 이런 품질실패비용은 특히 눈에 잘 보이지 않으며 나중에 비용이 커지고 나서야 발견되는 경우가 많다. 하지만 반드시 품질 기획 기능의 역량에 대해서는 평가가 필요하다.

❷ 품질관리

품질관리는 말 그대로 품질관리의 모든 활동과 프로세스이다. 주어진 스펙과 고객의 요구사항들을 반영하여 품질의 균질성과 안전성을 유지·관리하는 활동이라고 볼 수 있다. 때로는 품질관리의 범위를 품질경영과 같은 범위로 해석하는 사람도 있다. 품질관리는 품질경영의 한 항목이다. 예를 들어 협력사 품질지도, 수입검사, 공정검사, 출하검사 등의 업무로 이해하면 좋을 듯하다. 때로는 신제품에 대한 단계별 사전 품질관리 계획을 수립하는 것도 포함될 수 있다.

❸ 품질개선

품질개선 업무는 어느 단계에서나 하는 활동이다. 품질개선의 업무는 신제품 품질개선, 협력사 품질개선, 입고 품질개선, 공정 품질개선, 출하 품질개선, 필드 품질개선 등이다. 이러한 품질개선의 대표적인 방법이 품질혁신 회의체일 것이다. 품질개선을 위한 방법은 여러 가지가 있다. 참고로 필자는 품질개선보다는 품질혁신이라는 단어를 쓰고 싶다. 품질개선과 품질혁신은 마음가짐과 목표, 그리고 접근방식부터 다르다. 예를 들어 품질개선은 10~20%만 좋아지더라도 개선이 됐다고 생각하고 만족하는 경우가 많다. 그러한 개선방법론으로는 과거와 유사한 방법이나 검사강화 등과 같은 해당 단계의 프로세스나 방법 위주의 개선을 할 뿐이기 때문에 효과 측면에서는 제한적일 수 있다. 하지만 품질혁신의 개념으로 접근하면 처음부터 새롭게, 과거에 하지 않았던 방식으로, 전체 프로세스나 방법에 대한 재검토, 근본적인 개선 등을 하게 된다. 이것은 과거 대비 70% 이상의 효과를 기대할 수 있다. 만약 목표했던 70%보다 효과가 낮더라도 최소한 품질개선의 목표보다는 높은 효과를 보일 것이 분명하다.

품질개선을 하다 보면 주로 관련 팀의 협조를 얻어 진행하는 경우가 많다. 하지만 서로 우선순위가 다르기 때문에 협조가 뜻대로 이루어지지 않는 경우가 많다. 그러한 경우에는 라인 스톱제, 생산 중지, 출하 중지, 대표이사 보고, 진도관리 비교 분석표, 전사 품질

회의체 등을 활용할 수 있지만 제일 효율적인 방법은 현업 담당자들끼리 협의를 통해 스스로 품질개선 활동을 하는 것을 추천하고 싶다. 사실 필자의 경험상으로도 처음에는 관련 팀에서 협조를 잘해주지 않는 경우가 있었지만 품질개선이나 품질혁신이 지연될 경우 이슈화를 하기 때문에 담당자 및 관련 팀에서도 이슈화 전에 미리 개선을 통해 문제를 해결하는 것이 가장 좋은 방법이라는 것을 이해하게 되는 것을 발견했다. 그 이후에는 스스로 품질개선에 대응해주는 모습으로 변했다.

품질개선은 최대한 빨리, 정확히 하는 것이 중요하고 향후에는 수평전개를 통해 문제를 사전 예방하고 발생 가능성을 줄이는 방향으로 노력해야 한다.

❹ 품질보증

품질보증은 품질기획, 품질관리, 품질개선 등의 업무를 토대로 품질을 보증할 수 있는 체계를 구축하는 활동이다. 즉, 품질을 보증할 수 있는 프로세스나 여러 가지의 활동을 말한다. 신뢰성 업무도 이에 포함될 수 있다. 품질관리는 단순히 현재 기준에서 품질에 대한 관리를 전개하지만 품질보증은 시간이 경과되어야 드러나는 품질까지 보증하는 업무를 포함한다. 이것이 바로 신뢰성 측면의 업무인데 이는 품질관리 업무와 구분될 수 있다. 즉, 품질보증은 품목이 품질에 대한 요구사항을 만족시킬 것이라는 적절한 신뢰감을 주기 위하여 품질시스템에서 실시되고 필요에 따라 실증되는 모든 계획적이고 체계적인 활동이다.

이렇게 품질경영은 품질기획, 품질관리, 품질개선, 품질보증으로 나눌 수 있다. 회사의 규모에 따라 업무범위와 조직이 달리 운영될 수 있다. 여러분 회사는 혹시 이러한 목적에 맞는 업무와 조직을 운영하는지 점검해 볼 필요가 있다. 또한 혹시 현재 하지 않고 있는 품질 업무는 없는지도 검토할 필요가 있다.

이렇게 4가지 품질 업무를 진행하고 있을 때 우리는 품질경영을 하고 있다고 말할 수 있을 듯하다. 물론 앞에서도 언급했지만 회사의 실정에 맞는 품질경영이 필요하다.

:: 단계에 따른 품질의 정의

설 계 품 질	제 조 품 질
제품 개발 시 소비자의 요구사항이나 목표로 하는 기능과 특성 등을 구체화시켜 설계할 때 나타나는 품질	설계된 제품의 품질이 실제로 생산하면서 동일한 품질이 유지되고 관리되는 제조현장에서 만들어진 품질

시 장 품 질	서비스품질
고객이 실제 제품을 시장에서 사용하면서 나타나고 평가하는 품질	고객에게 서비스 제공하면서 나타나는 서비스의 완성도와 만족도 품질

품질은 단계에 따라 설계 품질, 제조 품질, 시장 품질, 서비스 품질로 나눌 수 있다.

❶ 설계 품질

설계 품질은 제품을 개발할 때 나타나는 품질로 고객의 요구사항과 사용환경, 그리고 실패사례를 반영하여 제품 품질의 완성도를 결정짓는 중요한 품질이다.

통계적으로도 설계가 품질에 미치는 영향도는 70% 이상이라고 한다. 설계 품질의 완성도에 따라 후 단계의 품질수준과 품질 업무의 양이 결정된다고 해도 과언은 아니다.

설계 품질은 연구원들의 역량에 의해 결정되는 경우가 많지만 실패사례 전산화, 설계표준 블록, DR(Design Review) 프로세스 등을 통해 높일 수 있을 것이다. 또한 FMEA, QFD, DR 프로세스, DR Gate, 품질 전문가 위원회, 필드테스트, 사용환경 조사, 시생산, 양산인정회의 등을 통해서도 향상시킬 수 있다.

❷ 제조 품질

제조 품질은 제조 현장에서 설계된 표준대로 작업하고 표준관리를 할 때 만들어지는 품질이다.

제조 품질은 부품 품질, 작업품질, 설비품질 등으로 나눠 볼 수도 있다. 부품 품질은 협력사로부터 만들어진 부품의 품질수준을 말하며, 작업품질은 양품의 부품으로 표준작업을 통해 만들 때 나타나는 품질수준을 말하고, 설비품질은 제품을 만드는 장비나 설비, 계측기 등에 의해 만들어지는 품질수준을 말한다.

제조 품질은 협력사 진단 지도, 부품 변동관리, 수입검사, 공정 품질 개선, 서브조립 관리, 작업표준 관리, 출하검사, 품질 회의체, 4M(Man, Machine, Material, Method) 변경관리 등을 통해 향상시킬 수 있다.

❸ 시장 품질

시장 품질은 실제 고객이 사용하면서 나타나게 되는 품질로 이 것을 통해 고객의 요구사항과 사용환경을 파악할 수 있고 고객은 사용하면서 실제 품질을 평가할 수 있다.

시장 품질이 고객만족을 달성하는 데 가장 중요한 정보가 될 수 있다. 시장 품질은 당년, 1년, 3년, 5년, 10년 등으로 나눠 평가할 수도 있을 것이다.

시장 품질은 크게 제품교환과 AS로 나눌 수 있고 AS는 제품불량, 고객요청, 감성불만, 고객과실, 사용환경 등으로 구분할 수 있다.

시장 품질은 고객요구사항 조사, 사용환경 조사, 필드 테스트, 고객 패턴분석 등을 통해 향상시킬 수 있다.

❹ 서비스 품질

서비스 품질은 서비스 요원 등의 서비스 활동이 고객을 만족시키는 정도를 나타내는 지수다. 서비스 요원의 행동, 장비, 기술, 방법, 매뉴얼 등에 의해 고객이 느끼는 품질이 결정될 수 있다. 고객들은 아무리 좋은 제품이더라도 서비스가 좋지 않으면 그 제품을 선택하지 않을 것이다. 제품보다는 서비스를 우선으로 선택하는 고객도 많다는 뜻이다. 그만큼 서비스 품질도 무시할 수 없는 품질 중 하나다.

서비스 품질은 서비스 표준 툴, 서비스 기획 및 설계, 고객요구사항 반영, 무상서비스 확대, 고객 맞춤형 서비스 개발 등을 통해 향상시킬 수 있다.

:: 구조에 따른 품질 정의

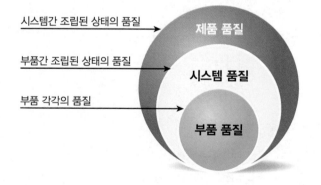

품질구조는 부품 품질→시스템 품질→제품 품질로 구분

시스템간 조립된 상태의 품질 → 제품 품질

부품간 조립된 상태의 품질 → 시스템 품질

부품 각각의 품질 → 부품 품질

품질은 구조 및 기능에 따라 부품 품질, 시스템 품질, 제품 품질로 나눌 수 있다.

❶ 부품 품질

부품 품질은 수십에서 수백 개 협력사가 만든 부품 각각의 품질을 말한다.

자동차 회사의 경우는 수만 개의 부품이 들어가기 때문에 수만 개의 부품 품질이 존재한다. 이런 수만 개 부품의 품질을 관리 또는 보증한다는 것은 결코 쉬운 일이 아니다. 그래서 모기업 또는 고객사의 품질은 부품 협력사가 결정한다는 말도 있다.

부품 품질은 최고 품질 전문가에 의한 협력사 진단지도, 협력사 맞춤형 품질혁신 프로젝트, 품질기준 눈높이 일치화, 검사혁신, 품질변동관리 등을 통해 향상시킬 수 있다.

❷ 시스템 품질

시스템 품질은 이러한 수십~수만 개의 부품들이 조합되면서 나타나는, 부품 품질과는 별개의 품질을 말한다.

시스템 품질은 부품검사나 협력사 관리를 통해 각각의 부품 품질을 완벽히 하더라도 문제가 될 수 있다. 물론 부품 품질이 완벽하면 시스템 품질도 좋아지는 것은 사실이지만 꼭 그렇지도 않다.

만약 A 부품과 B 부품 각각의 소음이 규격을 만족했다고 가정하고 A와 B 부품이 조합되어 다른 소음이 유발된다면 역시 불량이나 고장이라고 볼 수 있다. 즉, 시스템 품질은 각각의 부품 품질과 다른 것임을 인지하고 품질에 대한 업무를 확장 또는 추가해야 한다. 경험에 의하면 부품 품질에 대해서는 집중 검사나 관리를 시행하지만 시스템 품질은 간과하는 경우가 종종 있다.

한편 시스템 품질은 부품 품질에 비해 눈에 잘 보이지 않는 경우가 많다. 부품들이 조합되어 눈에 잘 보이지 않는 공간이나 부위에서 품질특성이 나타나기 때문이다. 그래서 시스템 품질은 조립과정에서 최대한 보이는 공정에서 관리되고 보증되어야 한다.

시스템 품질은 안전율 검증, 품질변동 관리, 작업표준, 품질포인트 게시관리, 작업자 교육, Cavity 품질관리, 공정 Patrol 등을 통해 향상시킬 수 있다.

❸ 제품 품질

제품 품질은 시스템과 시스템, 또는 시스템과 부품이 조합되면서 나타나는 품질이다. 당연히 부품 품질과 시스템 품질보다 어렵고 눈에 더 잘 보이지 않는다. 품질특성 또한 변화가 많고 경우의 수도 다양하다. 그만큼 복잡하다. 그래서 눈에 보이지 않는 것을 눈에 보이게 해야 한다.

눈에 보이게 하려면 측정이 필요하다. 측정을 통해 데이터를 수집하고 데이터 가공 및 분석을 통해 품질정보를 얻어야 한다. 그러면 제품 품질의 움직임이 눈에 보이고 그래야 관리 및 보증할 수 있는 방향과 방법이 설정된다. 그래야 제품 품질에 대한 보증이 가능하다.

경험상 제품 품질을 단순히 검사를 통해 합격, 불합격으로만 처리하는 경향이 있는데 이는 또 다른 불합격의 가능성을 남기는 방법이라고 본다. 즉, 품질이 어떻게 살아 숨 쉬고 움직이는지 파악해야 그런 시행착오를 줄일 수 있다. 제품 품질 역시 품질변동을 감안한 합격, 불합격 판정이 가능하도록 운영되어야 한다. 기본 품질기능도 중요하지만, 고객의 요구사항과 사용환경을 반영한 품질기준을 설정하고 한 단계 상향 조정된 제품 품질 관리가 이루어질 수 있기를 희망한다.

:: 관점에 따른 품질 정의

구 분	품 질 정 의
기업 관점	• 제품, 상품이 가지고 있는 고유의 성질, 특성 • 사양, 요건에 대한 일치성
고객 관점	• 사용목적을 만족시키는 성질, 성능 • 고객의 기대를 충족하는 특성 • 고객만족

우선 품질을 이해하는 데 있어 품질에 대한 정의를 살펴보면 다음과 같다.

품질을 기업(생산자) 관점에서 보면 제품, 상품이 가지고 있는 고유의 성질 또는 특성, 그리고 사양과 요건에 대한 일치성으로 정의할 수 있다. 고객(소비자) 관점에서는 사용 목적을 만족시키는 성질 또는 성능, 고객의 기대를 충족하는 특성, 고객의 만족으로 정의할 수 있다.

이렇게 품질에 대한 정의는 범위와 대상에 따라 다르게 표현될 수 있을 것이다. 사전적인 의미도 중요하지만 실제 품질의 실체를 이해하면 품질의 정의와 범위는 더 넓어질 것이 분명하다.

품질과 비용의 관계

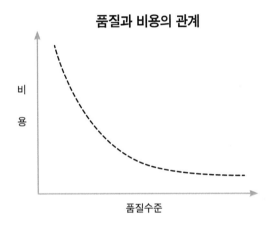

품질과 비용의 관계

비
용

품질수준

　일반적으로 품질과 비용의 상관관계는 반비례라고 본다. 즉, 품질수준이 높으면 비용이 낮고 품질수준이 낮으면 비용이 높다.

　품질은 예방비용, 평가비용, 실패비용으로 나뉘는데 실패비용의 크기가 예방 및 평가비용보다 크기 때문에 이와 같은 현상이 나타난다. 만약 예방비용과 평가비용이 실패비용보다 크다면 품질은 좋아지지만 비용 또한 크다고 해석될 것이다. 예방비용과 평가비용은 실패비용에 비해 10배나 100배 적게 든다고 본다. 품질비용 및 1:10:100 법칙을 이해하고 해석하면 더 좋을 듯하다.

이런 상관관계는 대부분의 회사들이 품질을 우선으로 한 정책을 펴는 이유이기도 하다.

빙산의 일각

빙산의 일각

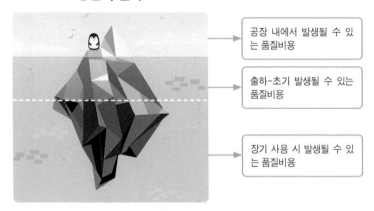

공장 내에서 발생될 수 있는 품질비용

출하~초기 발생될 수 있는 품질비용

장기 사용 시 발생될 수 있는 품질비용

'빙산의 일각'은 품질 용어만은 아닐 것이다. 바다에 떠 있는 빙산은 작아 보이지만 수면 밑에서 훨씬 큰 빙산이 이를 지탱하고 있다. 하지만 대부분 사람들은 눈에 보이는 것 위주로 보고 믿기 때문에 의사결정 시 오류를 범할 수 있다. 사실 눈에 보이는 품질문제들은 쉽게 적은 비용으로 해결할 수 있다. 하지만 그 이면에는 수십에서 수백 배 더 큰 품질문제들이 살아 숨 쉬고 있음을 알아야 한다.

정확하지는 않지만 한 조사에 의하면 공장 내에서 검출될 수 있는 비용은 약 5%, 출하에서 설치 및 초기에 발생될 수 있는 비용은 약

45%, 장기 사용 시 신뢰성 및 내구성에 의해 발생될 수 있는 비용은 약 50%라고 한다. 이 수치보다는 그만큼 뒤로 갈수록 비용은 더 커진다는 사실에 주목해 줬으면 한다. 수면 위 빙산은 눈에 보이는 비용이고 수면 아래의 빙산은 눈에 보이지 않는 비용으로, 후자가 전자에 비해 훨씬 크다.

이는 품질은 사후관리보다는 사전예방관리가 더 중요함을 강조하는 이유이다.

고객만족의 정의

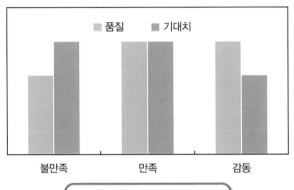

- 품질 < 기대치 : 고객불만족
- 품질 = 기대치 : 고객만족
- 품질 > 기대치 : 고객감동

고객만족은 품질에 있어서 가장 중요한 항목이자 최고의 목표일 것이다. 고객만족 없이는 품질의 수준을 평가할 수도 없지만 품질의 의미도 퇴색된다.

고객만족을 이루기란 결코 쉽지 않을 것이다. 품질에 대한 기준과 기대치가 고객마다 다르기 때문이다. 예를 들어 자동차를 사는 기준을 보더라도 디자인, 성능, 연비, 속도, 안전성 등 고객만족 항목은 모두 다를 것이다.

그렇다고 기업에서는 모든 항목에 대해 모든 고객을 만족시킬 수는 없을 것이다. 그래서 외국 유명 자동차 회사들도 품질 정책을 디자인, 안전, 성능에 중점을 두어 시행하고 있다. 충분히 이해할 수 있는 결정이다. 하지만 고객만족을 위해 노력할 수 있는 공통 품질특성 항목도 있을 것이다. 최소한 이런 특성을 찾아 품질 수준을 높이려고 하는 노력은 필요해 보인다.

고객만족을 회사에서 제공하는 품질 및 서비스와 고객의 기대치의 관계로 살펴보자. 만약 회사에서 제공하는 품질이나 서비스가 고객이 기대하는 품질이나 서비스보다 부족하면 고객은 당연히 불만족을 할 것이다. 반대로 고객이 기대하는 품질이나 서비스보다 회사에서 제공하는 품질이나 서비스가 좋을 경우 고객은 감동 또는 대만족을 할 것이다. 고객의 기대와 회사가 제공하는 품질 및 서비스 수준이 같다면 만족할 것이다. 이렇듯 고객만족은 쉬운 것 같으면서도 어렵다.

필자는 우선 기본 품질과 서비스를 안정시켜 초석을 다진 다음, 고객의 기대사항에 부응하는 품질과 서비스를 제공한다면 더욱 튼튼한 품질 프레임이 구성되고 지속 성장 가능한 회사가 되는 데 큰 밑거름이 될 것이라고 본다. 고객만족을 위한 막연한 품질 정책보다는 기본품질, 당연품질을 충분히 확보한 후 매력품질 및 품위 품질을 추구할 때 고객만족의 크기는 훨씬 커질 것으로 본다. 그렇지 않으면 모래 위에 쌓은 성과 다를 게 없다.

참고로 고객만족을 위해서는 고객요구사항을 충분히 알고 이해해야 하는데 이를 위한 방법으로 콜센터 VOC 자료, AS 자료, 클레임 자료, 인터넷 조사, 시장조사, 필드 테스트 등을 제안한다. 어느 정도는 원하는 정보를 얻을 수 있을 것이다.

때로는 고객도 고객 스스로 무엇을 원하는지 모르는 경우도 있다. 이로 인해 설문조사나 시장조사 때의 자료와 실제 제품 출시 후 반응이 다른 경우도 있다.

가장 좋은 방법은 고객이 스스로 찾아오게 만드는 혁신적인 제품과 서비스를 만드는 것이다.

PART
02 품질의 추진 방향

품질인의 마음가짐

한눈에 보이는 관리
사후관리보다는 사전예방관리
개인보다는 팀을, 팀보다는 본부를, 본부보다는 전사를…
'열심히'보다는 '현명하게'
고객(내·외부) 입장에서 고객의 눈으로 보기
1:10:100 중 1:10에 집중
나무보다는 숲을… 멀리 보고 크게 생각
전부보다는 선택과 집중(20:80법칙)
개선업무보다는 혁신업무를…
최고보다는 최적을…(물론 상황이 되면 최고를…)

우선 이러한 품질의 개념을 바탕으로 품질을 이해하기에 앞서, 다음과 같은 마음가짐을 가지고 품질 업무에 임하면 많은 도움이 될 듯하다.

◈ 한눈에 보이는 관리

전사 품질 프로세스상에 있는 각종 품질지표의 현황과 추세, 문제점들이 한눈에 보이게 하여 관리가 가능하도록 해야 한다.

◈ 사후관리보다는 사전 예방관리

품질문제는 사전에 예방하는 것이 최고의 가치라고 생각한다. 사후에 관리하기에는 너무나 많은 업무량이 발생하기 때문에 실패 비용의 크기는 상상을 초월할 것이다. 사전 예방을 통해 업무량과 문제의 크기를 줄이는 노력이 필요하다.

◈ 개인보다는 팀, 팀보다는 전사(全社)

개인이 아무리 열심히 잘 했다고 해도 팀이나 회사에 기여하지 못하면 노력의 대가는 기대 이하일 수 있다. 관련 팀과 협업하는 것은 물론 회사의 방향과 일치하는 노력을 시도해 보자.

◈ '열심히'보다는 '현명하게'

열심히 하는 것과 잘하는 것의 차이는 크다. 열심히 한다고 해서 반드시 효과를 보장할 수는 없다. 옳은 방향으로 고객과 회사의 기대사항에 부응할 수 있도록 잘하는 것이 더 중요하다. 잘할 수 있는 방법 중 하나가 현명하게 일하는 것이다.

◈ 고객의 입장에서 고객의 눈으로 보기

여기에서 고객은 내부와 외부 고객을 모두 포함한다. 품질의 최종 판단은 고객이 하기 때문에 고객의 관점에서 고객의 눈으로 보고 고객의 입장에서 품질 업무를 진행해야 좋은 결과를 얻을 수 있다.

◈ 1:10:100 법칙 중 1:10에 집중

 품질은 뒤로 갈수록 투자와 노력, 비용의 크기가 커진다. 즉, 앞에서 예방하면 적은 비용과 시간으로 품질을 예방할 수 있다. 반대로 고객 단계에서 발생되면 100배 이상의 비용과 시간이 들 수 있다. 즉, 상품 기획 및 설계 단계에서 최대한 예방하는 것이 중요하다.

◈ 나무보다는 숲

 품질의 범위는 우리가 생각하는 것보다 대부분 더 광범위하다. 단순히 제조자 관점도 중요하지만 더 나아가 고객 관점에서의 해석과 영향도를 고려한 광의의 품질을 생각하면서 업무에 임할 필요가 있다. 서로 간의 프로세스 연계를 통한 최고의 품질 성과를 낼 수 있기를 기대한다.

◈ 전체보다는 선택과 집중

 20:80 법칙. 사소한 20%의 인자가 전체 80%에 영향을 미친다. 반대로 나머지 80%의 인자가 전체 20%에 영향을 미친다. 시간과 여유가 되면 전부를 할 수 있겠지만 현실적으로 그렇지 않다면 전체 80%에 영향을 주는 20%의 인자를 먼저 선택하여 그것에 집중함으로써 해결하는 것이 가장 효율적이고 효과도 클 것이다.

◈ 개선보다는 혁신

품질은 개선의 연속이다. 개선은 품질 업무에 있어서 필수 활동이라고 생각한다. 하지만 개선하는 데도 한계는 존재한다. 물론 재발과 지속성의 문제가 항상 따라다닌다. 그래서 개선도 끊임없이 지속적으로 진행해야 하지만 혁신 관점으로 격상하여 문제를 풀어 가는 것도 좋은 방법이다. 개선으로 이룰 수 있는 몇 퍼센트의 향상보다는 혁신을 통해 이룰 수 있는 수십 퍼센트의 향상을 권장한다.

◈ 최고보다는 최적

대부분의 사람들은 최고를 우선순위로 본다. 최적은 생각지 못한 채 말이다. 필자는 품질에 있어서는 회사에 맞는 최적을 우선으로 실행하고 여건이 될 경우 최고를 지향하는 것이 오히려 더 효과적이라고 생각한다. 물론 최고를 추구할 여건이 되면 최적보다는 최고를 추구하지만 현실적으로 아직 최적화도 안 된 상황에서 최고를 지향할 경우 모래성과 같이 무너질 수 있을 것이다.

1:10:100 법칙

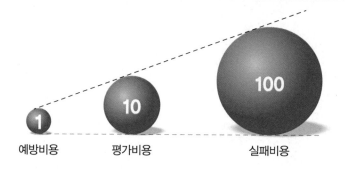

우리의 품질비용/시간/인력/노력의 위치는 어디에 위치하는가?

예방비용　　평가비용　　　　　실패비용

　품질의 전체 방향성을 가장 잘 표현한 것이 1:10:100 법칙이라고 생각한다. 필자가 20년간 이를 실제로 경험했기 때문이다.

　1:10:100 법칙은 만약 예방하는 데 드는 비용이 1이라면 그 이후 단계인 평가하는 데 드는 비용이 10, 마지막 단계인 고객 단계에서 실패하면 드는 비용이 100이란 의미이다.

　즉, 뒤로 갈수록 10배, 100배 커진다는 듯이다. 경험으로 볼 때 고객 단계에서 실패하면 드는 비용은 100이 아닌 100,000이 될 수도 있다. 1,000원짜리 부품 하나가 문제가 생겨 1억의 실패비용이 생기는 경우도 있다. 즉, 고객 단계의 실패비용의 크기는 예측할 수 없을 정도로 커진다. 대부분 고객 단계에서는 100보다 큰 경우가 많다. 이 법칙은 돈과 같은 정량적인 수치로 표현되거나 관리되지 않으면 그 크기를 알 수가 없다.

실제 필자가 품질교육을 할 때는 이 법칙을 피부로 못 느끼던 회사들도, 실제 품질혁신 활동 컨설팅을 전개하면서 실패비용을 산출하여 최고경영자 및 임직원에게 공개했을 때 결과값을 보고는 이 법칙을 이해한 경우가 많았다. 이를 보았을 때 이 법칙은 결코 포기하거나 간과할 수 없는, 회사 경영이익에 큰 영향을 미치는 항목임을 알 수 있다.

반드시 비용 측면만이 아니다. 품질에 대한 시간, 인력, 노력 측면에서도 이 법칙을 대입할 수 있다. 앞 단계에서 시간, 인력, 노력을 투자할 때 뒤 단계에서 시간, 인력, 노력이 10배, 100배 덜 들 것이다.

혹시 여러분들의 회사는 1:10:100 법칙에서 어느 단계에서 품질업무를 진행하고 있는가? 아직 이런 법칙을 품질 정책에 반영하고 있지 않다면 바로 한 번 적용해 보기를 권한다. 설계 단계의 예방활동과 평가 단계의 검사 및 보증 활동을 통해 미리 실패요인을 검출하고 예방할 수 있는 품질시스템 설계 및 운영을 하기를 희망한다.

A, B, C 중 여러분은 지금 어디에

A, B, C 중 어떤 그림이 품질의 맥을 잡는 데 더 유리할까? C 그림이 가장 유리하다고 본다. 이 그림에서처럼 품질 전체를 볼 수 있어야 한다. 혹시 A나 B와 같이 숲속에 있거나 숲의 일부분만 보고 판단한다면 오판의 가능성이 높을 것이다.

C의 위치에서 보기 위해서는 품질기획, 품질관리, 품질보증, 품질개선 등 품질경영 전반적인 실무경험과 이론을 겸비한 품질 전문가의 도움이 필요할 듯하다. C 그림처럼 보기 위해서 필요한 품

질 관련 항목들이 있다. 필자도 아직 많이 부족하지만 지금까지 경험한 약 83가지 품질항목들이다. 이 중 소속된 회사의 규모나 정책에 따라 필요한 품질 항목은 달라질 수 있다. 즉, 대기업 또는 중견기업일 경우 맥을 잡기 위해 모든 항목이 필요할 수 있지만 중소기업인 협력사의 규모에서는 10~20가지 항목 이내에서도 맥이 잡힐 수 있다.

품질은 그림에서와 같이 전체의 모습을 볼 수 있어야 효과가 크다.

품질 전체의 모습을 보기 위한 방법으로 전문가 활용이나 경험, 컨설팅을 이용하는 방법 등이 있기는 하나 그 방법이 맞는지에 대한 검증은 해봐야 알 것이다.

그림에서 보듯이 여러 품질 항목들을 설계에서 고객 단계까지 연결고리를 통해 프로세스를 맵핑하고 회사에 맞는 최적의 방법을 찾는 것이 숙제이다.

한 개 또는 두 개의 프로세스가 누락되면 언젠가 품질에 문제가 발생할 소지가 크다.

전체 흐름이 보일 수 있는 품질전략과 방향설정을 통해 회사에 맞는 최적의 방법으로 품질의 맥을 잡았으면 한다. 품질의 맥은 설계, 협력사, 제조, 서비스, 고객 등 전 단계에 걸친 업무 경험과 제품 역량, 그리고 품질 전문성이 없다면 잡기 힘들 것이다. 그러나 품질혁신에 있어 가장 신속하고 정확한 방법은 그 회사만의 품질의 맥을 잡는 것이다.

여기서 중요한 것은 회사마다 품질의 맥은 모두 다르게 나타난다는 점이다. 품질의 맥을 얼마나 정확하게 잡느냐에 따라 품질혁신 결과물은 하늘과 땅만큼 크게 차이 날 수 있다.

기업에
품질이 필요한 이유

Quality

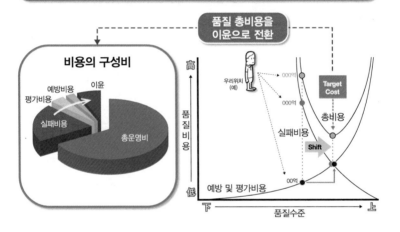

기업 총비용의 약 10~30%인 품질 총비용을 Down→이윤 극대화

품질 총비용을 이윤으로 전환

비용의 구성비

예방비용
평가비용
이윤
실패비용
총운영비

高
품질비용
低

우리위치 (예)

000억
000억
000억
00억

Target Cost

총비용

실패비용

Shift

예방 및 평가비용

下 ←── 품질수준 ──→ 上

기업에 품질이 필요한 이유를 품질비용 관점에서 살펴보자.

기업 지출 비용의 구성 중 품질비용이 차지하는 비중은 약 10~30%라는 통계가 있다. 수치는 다를 수 있지만 그만큼 품질이 기업에게 중요하다는 의미로 판단된다.

기업의 품질비용은 예방비용, 평가비용, 실패비용으로 나눌 수 있다. 품질비용은 고정비라고 볼 수는 없지만 실제로는 고정비 형태로 지출되는 경우가 많다. 획기적인 품질 예방시스템이 가동되지 않고는 일정한 비용이 낭비되고 있을 것이다. 기업 입장에서는 품질 총비용을 기업의 이윤으로 전환시키는 것이 매우 중요한 일이다. 그림에서와 같이 기업 입장에서는 총비용이 가장 낮은 점으로 관리하는 것이 이윤을 극대화하는 방법이다.

그러기 위해서는 현재 기업의 품질실패비용의 규모를 알아야 한다. 실패비용의 규모를 파악 후 실패비용 발생 원인에 대한 예방비용과 평가비용을 적절히 투자하여 실패비용을 줄이는 전략을 세워야 한다. 1:10:100 법칙에 의거한 1/10, 1/100의 투자를 통해 10배, 100배의 예방효과를 볼 수 있다. 방법론과 신뢰의 문제가 있을 뿐 가능하다. 매일 또는 매월 실패비용 집계와 관리 그리고 개선 활동을 전개한다면 불가능한 일이 아니다. 이렇게 실패비용을 저감하여 차라리 직원에게 돌려주는 전략을 세우는 것이 기업 운영에 훨씬 큰 도움이 된다. 실제 필자가 혁신에 성공한 기업에서도 그렇게 활용하고 있다. 차원이 다른 이야기이다.

품질에서 예방 활동은 생각보다 큰 만족도를 가져다준다. 이것은 필자가 '품질은 예방이 최고의 가치'라고 강조하는 이유이기도 하다.

경험하지 않고 포기한다면 그것보다 아쉬운 품질 활동은 없을 것이다. 반드시 도전을 통해 품질실패비용을 기업의 순이익으로 전환시킬 수 있기를 기대한다.

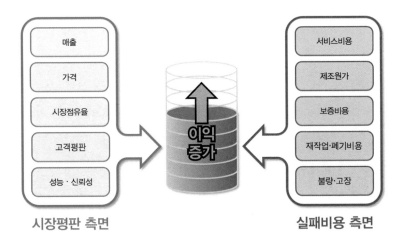

품질은 기업의 순이익과 직결되는 부가가치 창출 요소

시장평판 측면		실패비용 측면
매출		서비스비용
가격		제조원가
시장점유율	이익 증가	보증비용
고객평판		재작업·폐기비용
성능·신뢰성		불량·고장

기업에 품질이 필요한 이유를 실패비용 측면(제조자 관점)과 시장평판 측면(고객 관점)에서 살펴보면 그림과 같다.

품질은 기업의 순이익과 직결되는 부가가치 창출 요소 중의 하나다.

품질은 돈을 쓰는 부서이고 잘해야 본전이라는 말들을 흔히 하거나 듣는다. 필자는 이런 이야기를 들을 때 아쉬움이 앞선다. 절대 그렇지 않다는 것을 보여주고 싶은 마음뿐이다.

품질이 좋아지면 제조자 관점에서는 서비스비용 감소, 제조원가 감소, 보증비용 감소, 생산성 증가, 작업효율 향상, 재작업/폐기비용 감소, 적합성 및 신뢰성 향상 등의 효과로 이익 증가에 크게 기여한다.

고객 관점(시장 평판)에서는 성능과 디자인, 신뢰성이 개선되면 제품에 대한 고객평판이 제고되고 이를 통해 시장 점유율이 향상됨은 물론 더 높은 가격을 책정할 수 있게 되고, 매출증대가 일어나 역시나 이익 증가에 크게 기여할 것이다.

실패비용은 눈에 보이는 비용이지만 시장 평판은 눈에 보이지 않는 비용이다. 하지만 눈에 보이지 않는 시장 평판의 규모는 훨씬 크고, 여기에 집중했을 때 생각보다 훨씬 큰 효과를 거둘 수 있다. 이러한 품질과 이익의 연계성은 눈에 잘 보이지 않는다. 하지만 시간이 경과되고 누적이 되어 분석을 하면 눈에 보일 것이다. 고객이 우리 회사의 제품을 선택한 이유가 품질 때문이라는 말을 들을 수 있을 것이다.

품질수준이 향상되면 실패비용이 감소하는 것은 물론 시장 평판 측면에서 고객만족을 달성하여 이익 증가에 기여할 것으로 믿는다.

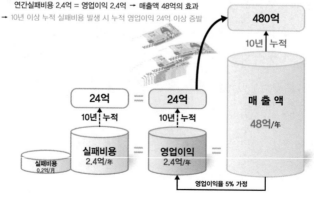

품질은 기업의 순이익과 직결되는 부가가치 창출 요소

◆ 품질실패비용은 영업이익과 직결

연간실패비용 2.4억 = 영업이익 2.4억 → 매출액 48억의 효과
→ 10년 이상 누적 실패비용 발생 시 누적 영업이익 24억 이상 증발

480억

10년 누적

24억 = 24억

10년 누적   10년 누적

매 출 액
48억/年

실패비용
2.4억/年

영업이익
2.4억/年

실패비용
0.2억/月

영업이익율 5% 가정

사례를 통해 살펴보자.

만약 한 기업의 월 품질실패비용이 2,000만 원이라고 가정해 보자.

그러면 연간 누적 2.4억 원의 실패비용이 발생한다. 이 실패비용은 영업이익에서 차감되는 항목으로 영업이익이 그만큼 버려진다는 이야기와 같다. 즉, 영업이익이 연간 2.4억만큼 버려지는 것이다. 영업이익률을 5%로 가정하여 이를 매출액으로 환산하면 약 48억의 매출액과 같은 금액이 된다. 물론 회사의 규모에 따라 몇 배 많고 적음은 있을 듯하다.

혹시 여러분 회사의 실패비용은 얼마나 되는가? 품질은 결국 돈이다. 최종적으로 재무에 연결되어야 품질이 기업에 크게 기여한다는 것을 알게 될 것이다. 눈에 보이지 않는 품질실패비용이 버려지고 있다는 사실을 아는 것과 모르는 것은 차이가 크다.

눈에 보이지 않는 실패비용을 눈에 보이게 해서 2,000만 원이 매월 버려진다는 것을 알게 됐을 때 간과할 경영진은 없을 것이다. 이 비용은 10년간 누적됐을 때 24억이라는 어마어마한 금액으로 불어난다. 이걸 모르는 기업은 10년이 지나면 24억을 버린 셈이다. 매출액으로 환산하면 10년간 480억의 매출 손실이 생긴 것과 마찬가지다. 특히 중소기업의 경우 사람이 없어 힘들다고 하지만 이 비용을 저감하여 추가 인건비에 활용하거나 직원들에게 환원한다면 회사의 분위기는 달라질 것이다.

최고와 최적

여러분 회사는 最高와 最適 중 어느 것이 필요하십니까?

最高

最適

대기업

중소기업

중건기업

Quality Management

    최고와 최적 중 어떤 것이 중요한지는 사람들마다 생각이 다를 것이다. 하지만 최적보다는 최고에 우선순위와 관심을 가지는 경우가 더 많을 듯하다. 중요한 것은 우리 회사의 상황과 비전에 맞는 방향으로 추진하는 것이라고 본다.

    품질 측면에서 최고와 최적의 차이는 어떻게 다를까? 예를 들어 회사의 규모와 상관없이 최고를 원한다면 품질시스템, 프로세스, 품질 툴, 자동화, 품질역량, 품질 전문가 등 측면에서 최고를 위한 투자와 노력이 필요하다. FMEA, QFD, 다구찌, 6시그마, 신뢰성 장비, 박사급 연구원, Smart Factory, IoT, SPC, 전자동 전산화 등이다.

반대로 협력사나 중소기업과 같이 자금이나 기타 여력이 부족한 회사에서는 아마 최고보다는 최적을 원할 수 있다. 현재 상황에서 최고를 추구하기에는 어려움이 있을 경우 최적 시스템 운영이 필요해 보인다. 필자도 최고보다는 최적 시스템 운영을 해본 경험을 토대로 기업에 필요한 최적 방법을 제안하고자 한다.

각종 품질이론에 대해서는 전공과 교육을 통해 어느 정도 알고 있지만 실제 기업 상황에 맞는 운영이 더 중요하고 필요하다. 물론 이론은 업종에 따라서 다르게 해석될 수 있고 그 필요성 또한 다를 것이다.

반드시 그렇지는 않지만 중소기업이라면 최적을 우선으로 방향을 설정하고 회사에 기여할 수 있는 품질경영 시스템을 정착시킨 후 최고를 추구하는 것이 더욱 효율적이라는 생각이 든다.

최고를 추구했을 때 장기적으로 또는 단기적으로 기업경영에 기여한다면 최고를 추구하는 것도 필요하다. 하지만 특별한 목적 없이 최고만을 추구한다면 실무자에게도 회사에게도 큰 도움은 되지 않을 것으로 생각한다.

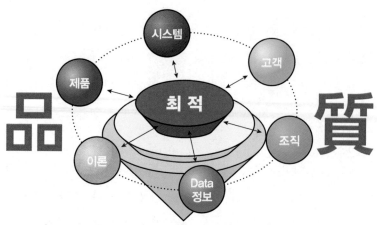

알고 + 경험하고 + 느껴야 최적을 말할 수 있다!

　반대로 최적을 추구한다면 실무자나 회사 입장에서도 당장 도움
을 받을 것이고 장기적 비전과 방향을 설정하는 데 큰 초석이 될
것이다.

　최적은 가장 경제적이고 효율적인 방법을 실행하는 것으로, 최
고보다 그 해답을 찾기가 어려울 수 있다. 그래서 주변에서 현업
전문가를 활용하여 필요로 하는 기업과 합동으로 찾는 것을 추천
한다. 해답은 모두 현장에 있을 가능성이 크다. 현실을 무시한 최
적의 대안이 과연 있을 수 있을까?

예방관리와 사후관리의 차이

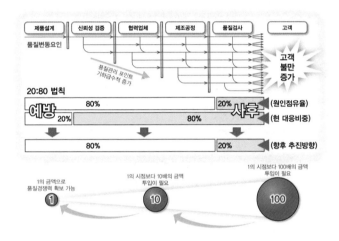

품질은 특히 예방관리와 사후관리의 차이가 크다.

1:10:100 법칙에서와 같이 예방관리를 못하면 사후관리 측면에서 10배, 100배의 시간과 업무량, 그리고 비용이 발생한다. 하지만 이렇게 중요한 사항을 인지하지 못하고 열심히 품질 업무를 진행하는 경우도 많을 것이다. 품질은 열심히 하는 것보다 잘하는 것이 무엇보다 중요하다.

품질 업무의 단계를 제품설계, 신뢰성 검증, 협력업체, 제조공정,

품질검사, 고객 단계로 나눠볼 때 제품설계에서 협력업체 단계까지를 예방관리 단계로 가정해 보자. 나머지 제조공정에서 고객 단계까지는 사후관리 단계로 보자.

만약 품질문제의 원인이 예방 단계에서 80%, 사후 단계에서 20%를 점유한다고 가정해 보자. 경험상으로도 품질문제의 원인이 약 70% 이상 설계에서 협력업체 단계에 있을 것이다.

혹시 여러분은 품질문제의 원인이 예방 단계에서 80%를 차지하고 있는데 사후 단계에 집중하여 업무를 진행하고 있지는 않은가?

만약 현재 품질 업무 대응 비중을 사후 단계에 80%를 치중하고 있다면 다시 한 번 생각해야 한다. 원인의 80%가 예방 단계에 있는데 사후 단계에 80%를 치중한다면 뭔가 잘못되어가고 있는 것이다. 아무리 열심히 한다고 해도 사후 단계의 원인비중은 20%이기 때문에 사후 단계에 80%의 업무를 한다고 해도 효과는 16% 정도밖에 없을 것이다.

하지만 반대로 원인이 80%인 예방 단계에 업무를 80% 치중한다면 그 효과는 64%로, 사후 단계 업무 효과의 4배 이상을 기대할 수 있다. 즉, 원인 점유가 많은 단계에서 예방 활동을 강화한다면 반대로 10배, 100배의 시간과 비용이 저감될 것으로 본다.

만약 이를 직접 실천하고 경험한다면 최고의 성공사례 경험과 성취감을 느낄 수 있을 것이다. 쉽지는 않겠지만 이렇게 원인과 대책에 맞는 사전 예방관리 체제를 구축하게 되면 사후관리의 손실을 줄일 수 있을 것이다. 결과적으로 고객만족은 물론 품질의 가치에 기여하게 될 것이다.

고객과 제조자의 품질수준 차이

불만은 서로의 눈높이 차이, 생각의 차이에서 비롯된다. 물론 품질관점에서 고객과 제조자의 차이에서 기인한다고도 볼 수 있지만 말이다.

고객은 가치를 가장 중요시하고 제조자는 이윤을 중요시할 것이다. 고객은 편리성, 제품성능, 서비스, 무상 AS, 감성불만 등의 관점에서 바라보고 제조자는 사양, 원가절감, 비용절감, 제품불량, 매뉴얼 대응 등의 관점에서 바라보니 서로의 기대가 다르고 격차가 생길 수밖에 없다. 이런 시각 차이가 바로 고객불만으로 이어질 가능성이 매우 높다. 또한, 고객 입장에서는 고객이 산 제품 1대에서 불량이 발생되면 불량률은 100%이다. 하지만 제조자 입장에서는 100만 대 중 3.4개 수준인 6시그마 수준이라고 말할 수 있다. 즉, 제조자 입장에선 0.00034%의 불량률이다.

따라서 고객불만을 줄이기 위해선 품질 정책을 고객 관점으로 전환하고 품질설계를 해야 한다. 설계, 협력사, 입고, 공정, 출하 단계의 모든 품질 프로세스상 의사결정의 기준을 고객 관점에 초점을 두고 관리할 때 가장 큰 고객만족을 이룰 수 있을 것으로 본다.

품질목표 수립, 신뢰성 시험법 제정, 품질개선, 원인파악, 검사 및 관리 기준 설정, 설계 사양 설정, 서비스 기준 설정 등 모든 단계에서 최대한 고객의 입장을 생각하고 반영하려는 노력은 반드시 이루어져야 한다.

이는 무조건적인 고객을 위한 희생이 아니다. 우리 업무의 효율성 제고와 리스크 사전 예방을 위한 것으로 생각하고 고객의 생각을 품질에 반영했으면 한다.

품질이론과 품질실무의 차이

품질이론과 품질실무 관련 현업/수준 맞춤형 해법 운영→최적화

FMEA → 품질전문가위원회
QFD → 필드테스트
6 Sigma → 문제해결
Q-Cost → F-Cost
ISO → 품질실적(지표)
신뢰성(수명) → 가속/인정시험
SPC → 변동/예방관리

最高 Optimal Q 最適

필자의 경험상 품질이론과 품질실무의 차이는 반드시 존재한다. 여기에 옳고 그름은 없다고 생각한다. 단지 기업의 환경에 따라 필요한 방법을 선택하는 것이라고 생각된다.

사실 필자도 수십 년 동안 품질이론을 실무에 적용하고자 많은 노력을 했다. 그 결과 이론의 일부를 현장에 적용하는 것이 가능했지만 현실적으로 실무에서의 활용도를 높이기는 어려웠다. 그럼에도 불구하고 이론과 실무가 일치하는 방향을 추구할 것을 권하고 싶다.

품질혁신을 위해 컨설팅이나 타 기업에 대한 벤치마킹을 진행한 경험이 있을 것이다. 이 과정에서 물론 효과를 본 기업이 더 많겠지만 그렇지 않은 기업도 있을 것이다.

예를 들어 살펴보자. 이는 참고로만 이해해 줬으면 한다. 앞에서 잠깐 최고와 최적의 차이를 언급했다. 최고를 추구하는 입장에서는 품질이론과 실무가 일치한다. 즉, FMEA, QFD, 6시그마 Q-Cost, ISO, 신뢰성(수명), SPC 등의 품질이론을 품질실무에 적용하여 최고의 품질시스템을 운영하는 것이다. 하지만 중소기업이나 상황이 여유롭지 않은 기업에서 최고의 품질시스템을 운영하기는 현실적으로 쉽지 않을 것이다. 그러나 어렵다고 해서 품질시스템을 운영하지 않을 수는 없다. 그래서 최적의 품질시스템을 운영하는 방법론에 대해서 참고로 소개하고자 한다.

최적의 품질시스템 관점이라면 FMEA 대신 품질 전문가 위원회를 운영하는 방법이 있을 수 있다. 특히 자동차 회사와 같은 대기업군이나 시스템이 잘 되어 있는 회사에는 FMEA 관리 시스템이 전산화되어 운영되고 있을 것이다. FMEA는 설계부서에서부터 품질 및 생산부서까지 연계하여 운영·관리되어야 한다. 하지만 현실적으로 설계자의 FMEA와 품질 전문가의 FMEA, 그리고 생산전문가의 FMEA가 상이하며 이들 각각은 대부분 실물을 보지 않고 FMEA를 분석하기 때문에 완성도와 연계성 측면에서 다소 부족하며 투자하는 시간과 노력도 늘어나게 된다. 그렇게 완성된 FMEA는 활용도 또한 높지 않을 것이다.

이때 가장 좋은 것은 모든 분야의 전문가가 모여 한 번에 FMEA를 전개하는 것이다. 그것이 누적되면 전산화된 자동 분석 시스템 관리가 가능할 것이다. 하지만 이렇게 많은 시간을 투자할 여유도 없는 것이 현실이다.

그래서 필자는 신제품 도면 DR 단계에서 각 분야별 품질 전문가를 소집해서 품질 전문가 위원회를 운영했다. 설계, 품질, 생산, 구매, 서비스, 영업의 최고 전문가들이 한자리에 모여 3D 도면을 보고 부품 하나하나를 조립해 가면서 품질에 대한 의견을 나누고 품질 리스크와 품질변동요소를 찾아낸 것이다. 초기에는 제조자 관점의 품질 전문가 위원회를 운영했지만 나중에는 영업 및 서비스 전문가도 참석하여 고객 관점의 품질 전문가 위원회를 운영했다. 실제 실물과 유사한 3D 도면을 360도 회전하면서 조립과 해체를 반복하여 상대물과의 형합성, 간섭, 안전율, 품질변동 등 발생 가능한 FMEA와 유사한 분석을 전개했다. 그 결과 FMEA 못지않은 검출력을 가지게 되었고 결과적으로 수준 높은 관리계획까지 세울 수 있었다.

참석자의 이해도도 매우 높았다. 품질 전문가 위원회에서 도출된 예상 문제점의 도면을 캡처하여 목록을 만들고 다음 단계로 넘어가기 전에 개선 여부를 진도관리했다. 검출력이 좋아졌고 다음 단계의 품질이슈도 줄었다. 결국 신제품이 초도 양산됐을 때 혁신적인 품질수준의 향상을 이룰 수 있었다.

이는 FMEA보다 조금 느릴 수 있지만 기업과 실무자에게 최선의 방법이기도 하다. 이렇게 도출된 예상 문제점을 FMEA에 추가하여 운영하면 큰 무리는 없어 보인다.

이렇듯 기업에 맞는 최적의 방법을 찾는 것도 필요하다. QFD 대신 고객 대상 필드테스트, 6시그마 대신 문제해결, Q-Cost 대신 F-Cost, ISO 대신 품질실적, 신뢰성(수명) 대신 가속 및 인정시험, SPC 대신 변동 및 예방관리 툴을 활용하면 최적의 품질시스템을 통해 혁신적인 품질수준 향상을 가져올 수 있을 것이다.

때로는 최고가 필요하겠지만 최적을 통해 기업에 필요한 품질의 가치를 제공하는 것이 필요하다. 그럴 때 최적이 최고로 인정받을 수도 있는 것이다.

품질시스템과
품질실적의 관계

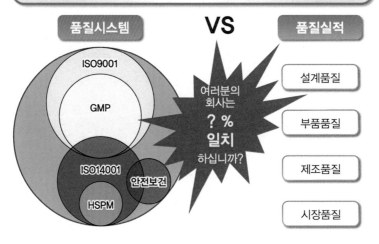

품질시스템을 인정받으면 품질실적이 좋아진다고 생각하십니까?

품질시스템 VS 품질실적

ISO9001

GMP

ISO14001

안전보건

HSPM

여러분의
회사는
? %
일치
하십니까?

설계품질

부품품질

제조품질

시장품질

여러분의 회사는 품질시스템과 품질실적이 어느 정도 일치하는 가? 혹시 품질을 해석할 때 두 가지를 같이 보는가? 아니면 별개로 보는가? 우선 여기에 대한 여러분들의 생각과 구조를 먼저 고민했으면 한다. 경험상으로 이를 구분하거나 또는 연계해서 품질의 방향을 찾는 경우는 없었던 것 같다. 물론 구분을 하는 경우도 있지만 명확히 연관 지어 해석하거나 해법을 찾지는 않았던 것 같다.

그렇다고 반드시 품질시스템과 품질실적을 분리해서 접근해야 한다고 말하는 것은 아니다. 연계하여 접근하는 것이 가장 이상적이기는 하나 아직까지는 경험상 이에 대한 해법을 제시한 모델은 없었던 것 같다는 말이다.

필자는 협력사를 평가할 때 지표에 대한 해석을 먼저 시행하고 이에 맞는 품질시스템을 평가하는 방법으로 평가를 진행했다. 처음에는 너무 엄격한 평가로 품질평가 점수를 낮게 책정하여 협력사 사장님들로부터 많은 원성을 들었다. 하지만 시간이 지난 후에는 낮은 점수가 동기를 부여하여 적극적인 품질혁신으로 이어졌고, 결국은 품질시스템 평가 점수가 크게 향상되었다.

품질실적의 중요성

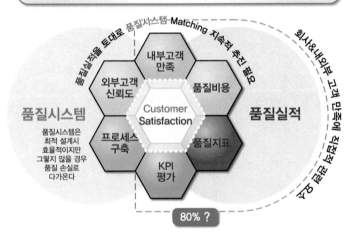

우리 품질시스템의 효율성은? 품질실적과의 업무 비중은?

품질실적을 토대로 품질시스템-Matching 지속적 추진 필요

품질시스템

품질시스템은 최적 설계시 효율적이지만 그렇지 않을 경우 품질 손실로 다가온다

내부고객 만족

외부고객 신뢰도

Customer Satisfaction

프로세스 구축

품질비용

품질지표

KPI 평가

품질실적

회사&내외부 고객 만족에 직접적 관련

수익 관점의 접근 요구

80% ?

대부분의 사람들은 품질이라고 하면 품질시스템을 이야기한다. 하지만 품질시스템의 내면을 보면 문서적인 것과 실제 실행하는 것에 다소 차이가 있음을 알게 될 것이다. 모든 회사가 그런 것은 아니지만 품질담당자와 관련 팀에는 온도 차이가 있다.

품질시스템을 이야기할 때 앞으로는 품질실적에 대한 이야기도 같이 했으면 한다. 품질시스템은 잘 되어 있으나 품질실적이 나쁜

회사도 종종 존재할 것이다. 품질시스템을 볼 때 품질실적을 같이 보고 평가하는 경우는 보지 못한 듯하다. 실질적으로 기업에 필요한 것은 비용과 이윤에 직결되는 품질실적이다.

　대부분의 사람들이 중요하게 생각하는 것은 고객만족, 품질비용, 품질지표, KPI 등 바로 품질실적 관련 지표들이다. 회사마다 품질시스템과 품질실적의 중요도는 다르겠지만 품질실적을 더 중요시하는 것이 회사에 도움이 될 것이다. 물론 이에 대한 이견도 있겠지만 품질실적을 기초로 한 품질시스템 구축 및 유지관리를 적극 권장하고 싶다.

　가장 이상적인 품질시스템은 품질실적과 100% 일치하여 운영되고 평가되는 것이라고 본다. 아무리 예쁘고 화려한 프로세스와 시스템도 품질실적과 연계되지 않으면 결국 모래성과 같이 무너질 것이다.

품질조직

품질조직은 회사의 규모와 업무 범위에 따라 다르게 구성되어 있을 것이다. 중소기업의 경우 주로 제조자 관점의 협의품질 위주의 품질조직을, 대기업의 경우 고객 관점의 광의품질 위주의 조직을 운영하고 있을 것이다. 물론 경우에 따라 반대의 경우도 있을 수 있다.

:: 협의 품질조직

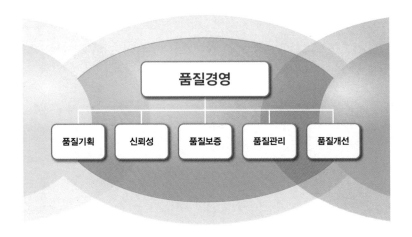

경험상 품질조직이 있는 회사라면 최소한 품질관리 조직은 보유하고 있었다. 품질조직은 맞춤형으로 구성하여 운영할 필요가 있다.

품질조직의 업무 범위 확대 순서를 정의해 본다면 품질관리, 품질개선, 품질보증, 품질기획, 신뢰성/안전규격 순이라고 할 수 있다. 될 수 있으면 업무구분을 통해 서로 간의 책임과 권한을 명확히 설정할 것을 권한다.

첫째, 품질관리 조직의 주요 업무를 살펴보면 협력사 관리, 입고검사, 공정검사, 출하검사, 4M 관리, 양산인정, 제조 품질 관리 등이 있다. 둘째, 품질개선 조직의 주요 업무는 시장 품질 개선, 반환품 분석, 데이터 분석, 신제품 개선, 회의체 운영, 개선 진도관리 등이 있다. 셋째, 품질보증 조직의 주요 업무는 양산품 검증, 부품 검증, 양산품 내구성시험 등이 있다. 넷째, 품질기획 조직의 업무는 품질 정책 수립, 데이터 관리, 품질목표, 운영기획, 시스템 개선, 종합 진도관리 등이 있다. 다섯째, 신뢰성 및 안전규격 조직의 업무는 신제품 검증, 시험법 개발, 내구성시험, 고장분석, 필드테스트, 고객 조사, 규격관리, 인증시험, 시험소 유지관리 등이 있다.

:: 광의 품질조직

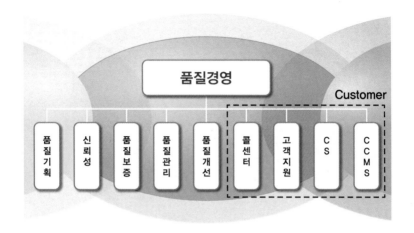

협의 품질조직에 고객 관점의 품질 업무에 필요한 조직을 추가하면 광의 품질조직이 된다. 이제는 제조자 관점에서 고객 관점으로 업무가 확대되어 이에 대한 품질조직이 필요하게 된다. 이때 추가되는 부서는 콜센터, 고객지원, CS, CCMS 등의 조직이다.

콜센터는 고객의 불편사항이나 문의사항 등을 상담하고 처리하는 업무를, 고객지원은 내부와 외부 고객이 필요로 하는 각종 지원 활동 업무를, CS는 고객만족을 위한 서비스를 기획하고 개선하며 운영 전략 등을 수립하는 업무를, CCMS는 고객의 클레임 또는 PL 등을 대응하고 개선하는 업무를 한다.

제조자 관점에서는 최대한 품질 불량을 예방하고 고객 관점에서는 고객의 불편사항이나 요구사항을 파악하여 고객만족을 위해 노력해야 할 것이다. 이를 위한 활동을 함과 동시에 품질개선이 이

뤄질 수 있도록 신속하고 정확한 피드백을 하여 서로 유기적인 관
계를 유지해야 한다.

회사 전체의 품질경영

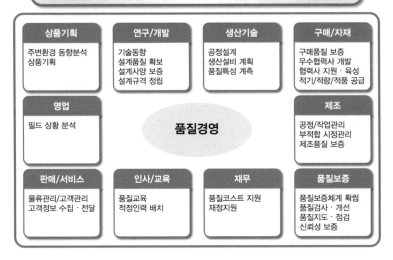

여러분들 회사의 품질경영 실천 범위는 어느 정도입니까?

상품기획	연구/개발	생산기술	구매/자재
주변환경 동향분석 상품기획	기술동향 설계품질 확보 설계사양 보증 설계규격 정립	공정설계 생산설비 계획 품질특성 계측	구매품질 보증 우수협력사 개발 협력사 지원 · 육성 적기/적량/적품 공급

영업	**품질경영**	제조
필드 상황 분석		공정/작업관리 부적합 시정관리 제조품질 보증

판매/서비스	인사/교육	재무	품질보증
물류관리/고객관리 고객정보 수집 · 전달	품질교육 적정인력 배치	품질코스트 지원 재정지원	품질보증체계 확립 품질검사 · 개선 품질지도 · 점검 신뢰성 보증

흔히 품질경영은 품질부서에서만 하면 된다는 생각을 할 수 있다. 물론 지금은 그렇지 않은 경우가 많겠지만 과거에는 모든 품질 관련 업무를 품질부서에서 주관하고 해결해야 한다고 생각했다.

하지만 품질은 한 부서에 의해 절대 완성될 수 없다. 그림에서와 같이 고객감동을 실현하기 위한 품질경영 활동에는 전 부서가 관여되어 있고 각자가 그 역할을 제대로 이행하고 유기적으로 잘 연결되어 있어야 비로소 품질이 완성될 기회를 갖는 것이다.

예를 들어 구매부서에서는 우수 협력사를 개발하여 양질의 부품을 구입해야 하고, 판매 및 서비스 부서에서는 고객요구사항 관련 정보를 수집해 설계나 품질부서에 공유하며, 연구 및 개발 부서에서는 고객 요구품질 대비 설계 품질을 사전에 확보하기 위해 노력해야 한다.

제품과 상품이 개발되어 출시될 때까지 회사 전체의 관련부서들이 연결되어 프로세스상 품질 영향 인자들에 대해 관심을 가지고 있어야 한다. 이 인자들을 미리 반영하고 예방하는 방법으로 품질경영을 실천해야 양질의 품질, 또는 고객이 원하는 품질을 기대할 수 있을 것이다.

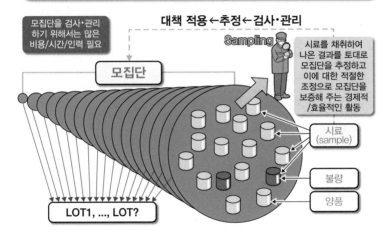

비용/시간/인력 등 경제적 · 효율적 측면에서 Sampling 기법 운영

대책 적용←추정←검사·관리

Sampling

모집단을 검사·관리
하기 위해서는 많은
비용/시간/인력 필요

시료를 채취하여
나온 결과를 토대로
모집단을 추정하고
이에 대한 적절한
조정으로 모집단을
보증해 주는 경제적
/효율적인 활동

모집단

시료
(sample)

불량

양품

LOT1, ..., LOT?

모집단은 여러 개의 로트로 구성되어 있다. 하나의 로트는 시료
들로 구성되어 있고 그 시료들 중에는 불량과 양품이 섞여 있다.

양품과 불량의 수는 아무도 모른다. 전수 검사를 통해서만 확인
할 수 있을 것이다. 모집단을 보증하기 위해서는 개개의 로트를 보
증해야 하고 로트의 보증을 위해서는 개개의 시료를 보증해줘야
한다.

시료를 채취하여 나온 결과를 토대로 모집단을 추정하고 이에 대한 적절한 조정으로 모집단을 보증해주는 경제적이고 효율적인 활동이 바로 샘플링 검사이다. 모집단을 검사 및 관리하기 위해서는 많은 비용과 시간, 그리고 인력이 필요하기 때문에 샘플링 기법을 활용한다.

모집단과 로트, 샘플의 차이를 이해하고 의사결정의 대상이 무엇인지 파악한 뒤 의사결정을 하길 바란다.

PART
03
품질의 핵심 요소

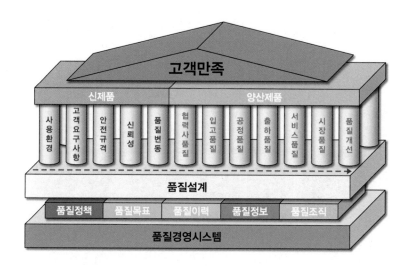

품질의 집(House)은 품질경영시스템을 기반으로 품질설계, 품질목표, 품질이력, 품질정보, 품질조직 등을 통해 품질설계가 이뤄지고 이를 통해 신제품과 양산제품을 보증할 때 고객만족을 달성할 수 있다는 점을 보여준다.

품질설계의 기초가 튼튼해야 품질의 완성도가 높을 것이다. 이러한 품질의 완성도는 품질시스템과 제품 품질이 견고해야 높아질 수 있다.

하지만 대부분 품질의 완성도를 품질시스템에 맡겨 버리곤 한다. 품질의 완성도를 평가하는 기준은 고객의 만족 정도일 것이다.

품질설계 시 신제품과 양산제품은 구분하여 설계할 필요가 있지만 두 가지는 반대로 반드시 연계되어 설계될 필요도 있다. 신제품은 시간이 지나면 결국 양산제품이 되기 때문이다.

우선 신제품 품질설계 시 고려해야 할 5가지 주요 항목에 대해 알아보자.

:: 신제품 품질설계 시 고려해야 할 5가지

❶ 사용환경

사용환경은 국가별로 다르다. 만약 우리나라 기준으로 품질을 설계했다고 가정한다면 외국에 수출할 경우 사용환경이 달라져 품질사고가 발생될 가능성이 매우 높다.

예를 들어 우리나라의 전압 사양은 220V이지만 다른 나라는 110V인 경우가 있다. 또한 우리나라의 전압의 변동률이 15% 정도인 반면 다른 나라는 변동률이 더 높은 곳도 있다. 즉, 품질검증시 전압 변동률을 15%로 검증했지만 수출국가의 변동률이 20%라고 가정한다면 변동률이 15%가 넘는 범위에서는 문제발생 가능성이 높다. 왜냐하면 품질설계 시 이 차이가 반영되지 않았기 때문이다.

또한 온도와 습도를 예로 들어 보겠다. 우리나라는 여름 온도가 35도, 습도가 50% 정도라고 가정한다면 동남아 일부 국가는 여름 온도가 40도, 습도가 90%인 곳도 있다. 이런 사용환경의 차이는 전자제품에 치명적인 영향을 미친다. 온도상승 및 습기에 의한 오동작의 가능성이 매우 높다.

그래서 품질설계 시 반드시 사용환경이 반영되어야 한다. 예로 든 사용환경 외에도 우리가 모르는 더 많은 인자가 있다. 사용환경에 대한 조사와 정보를 바탕으로 제품을 설계하기를 당부하고자 한다.

사용환경과 더불어 설치 환경도 매우 중요한 요소이다. 설치 장소, 공간 등에 따라 제품 설치에 대한 사양도 품질설계 시 반드시 반영되어야 할 것이다.

❷ 고객요구사항

고객요구사항은 가장 기본적이면서 가장 중요한 요소이다. 하지만 품질설계 시 반영하기에는 쉽지 않다. 고객요구사항은 너무도 다양하고 정보를 얻기에도 쉽지 않기 때문이다. 고객에게 설문조사를 하더라도 때로는 고객 스스로 원하는 것이 무엇인지 모르는 경우가 있고 설문에 답을 했더라도 실제 상황이 되면 다른 선택을 하기도 한다.

그럼에도 가장 중요한 것이 고객요구사항인 것은 분명할 것이다. 고객요구사항은 인터넷 조사, 고객 설문조사, 시장조사, 콜센터 정보, AS센터 정보, 고객불만 사항 정보 등을 통해 얻을 수 있다. 최소한 이렇게 조사된 데이터를 신제품에 반영하려는 노력은 해야한다. 아무리 제조자 관점에서 완벽한 제품을 출시했더라도 고객이 만족하지 못하면 결코 품질이 좋다고 할 수 없을 것이다.

❸ 안전규격

안전규격은 제품에 대한 소비자의 안전을 보장하기 위한 최소한의 규격이다. 이는 법적인 사항으로 해석될 수 있다.

안전규격에는 Safety, EMC, Energy 등이 있는데 이는 설계 시 반드시 반영되어야 할 규격들이다.

안전규격을 취득하는 방법으로는 자체 시험소를 운영하거나 외부기관에 의뢰하여 시험해서 안전규격 사항에 대해 인증서를 취득하는 방법 등이 있다.

취득하는 데 소요되는 기간은 항목에 따라 다르지만 수주에서 수개월 걸린다. 이는 설계 시 개발일정에 반영하여 진도관리해야 할 것이다.

❹ 신뢰성

신뢰성은 안전규격과 같이 법적인 사항은 아니다. 하지만 품질 영향도 측면에서는 제일 큰 항목이다. 이는 시간이 지나면서 나타나는 항목으로 품질사고 발생 시 대형사고로 이어질 가능성이 매우 높기 때문이다.

물론 신뢰성을 보증하기는 것이 쉬운 일은 아니다. 신뢰성의 필요성과 중요성을 크게 생각할 필요가 있다. 대기업 외에는 신뢰성에 대한 시스템을 갖춘 기업이 많지 않을 것이다. 신뢰성 업무를 위해서는 많은 비용과 공간이 필요하다. 그렇다고 신뢰성을 무시할 수 없다. 기업에게 큰 리스크임은 분명하다. 필자도 초기에 신뢰성 업무를 도입할 때 비용과 공간 때문에 의사결정을 받는 것이 쉽지 않았다. 하지만 경험상 신뢰성 업무에 대한 투자 이후 품질의 향상도와 실패비용 저감의 크기는 기대 이상이었다. 신제품 검증 시 반드시 신뢰성 항목에 대한 사전 검증과 설계 개선이 필요하다. 눈에 보이지 않는 항목이기에 어렵지만 시험법 제정을 통해 검증이 이뤄질 수 있도록 투자와 노력을 지속적으로 해 나가야 할 것이다.

신뢰성 시험에는 열충격시험, 고온고습시험, 저온시험, 내열시험, 염수분무시험, 부품 내구성시험, 낙하시험, 진동시험, 전기/전자 시험 등 여러 가지가 있다.

신뢰성 시험이라고 하면 주로 이론을 바탕으로 수명을 예측하고 시간이 오래 걸리는 아주 어려운 업무로 이해하는 기업들이 많다. 그러나 실제 신뢰성 업무를 이해하면 그렇게 불가능하거나 어려운 업무가 아니다. 기업에 맞는 신뢰성 업무는 충분히 설계가 가능하고 기업에서도 얼마든지 효율적인 신뢰성 시험을 전개할 수 있다. 자세한 방법에 대해서는 신뢰성 단계를 소개할 때 설명하도록 하겠다.

❺ 품질변동

신제품은 특히 양산제품에 비해 우리가 모르는 살아 숨 쉬는 품질변동이 많다. 왜냐하면 우리가 경험하지 못했거나 자료나 정보가 부족하기 때문이다. 품질변동은 사람, 재료, 방법, 기계, 환경에 의해 수시로 변한다. 품질변동 또한 신뢰성과 같이 눈에 잘 보이지 않는다. 몰래 살아 숨 쉬는 항목이 더 많다. 하지만 과거 실패사례, 사용환경 정보, 품질 전문가 등을 활용하면 충분히 해결 가능한 항목이기도 하다. 품질변동 또한 품질변동 단계에서 자세히 설명하겠지만 보이지 않는 품질변동을 초기 설계 단계부터 눈에 보이게 해야 한다. 눈에 보이면 누구나 예방 및 관리할 수 있다. 초기 신제품 시 품질변동을 예방하고 관리한다면 양산시에 품질 리스크 및 재작업과 같은 손실을 현저하게 줄일 수 있다. 필자의 경험에서도 충분히 성공체험을 했기 때문에 기업의 규모와 관계없이 최적의 방법론은 찾을 수 있을 것이다.

다음으로 양산제품 보증 단계에 대해 알아보자.

앞에서도 언급했지만 시간이 지나면 신제품이 양산제품으로 넘어온다. 그래서 신제품 단계에서 철저히 보증되지 않으면 대량으로 생산되는 양산 단계에서는 걷잡을 수 없는 리스크가 닥칠 수 있다. 그 리스크의 크기는 신제품에 대한 보증 완성도의 크기와 반비례한다.

:: 양산품 품질설계 시 고려해야 할 7가지

❶ 협력사 부품 품질

협력사의 부품 품질이 곧 고객사의 품질이라는 말이 있다. 물론 전체 중의 일부이기는 하지만 그만큼 고객사 제품을 구성하는 부품의 품질이 중요하다는 것이다. 만약 협력사의 수가 약 100개이고 한 협력사에서 3~5개 부품을 납품한다고 하면 부품의 총 개수는 300~500개가 될 것이다. 이는 제품을 생산할 때 매일같이 최소한 300~500개의 로트가 입고된다는 것을 의미한다. 품질이 움직일 가능성은 그만큼 높아진다.

과연 협력사에서 고객이 원하는 100%의 양품만 제조해서 납품할 수 있을까? 협력사에서 발생되는 4M 변동은 수시로 일어난다. 이러한 사소한 4M 변동이 품질을 살아 숨 쉬게 하는 요인이다. 그래서 협력사 품질을 안정화시키기 위해 출장 품질진단 및 지도, 협력사 평가, 품질경고장, 손실비용 청구 등의 시스템을 활용하여 협력사 품질 향상에 노력해야 한다.

그러나 필자가 경험한 바로는 이러한 시스템에 의한 협력사 관리로는 부족한 경우가 많았다. 협력사가 고객이 요구하는 품질수준이나 이를 보증하는 방법을 모르는 경우가 더 많았기 때문이다. 그래서 이러한 협력사의 니즈를 풀어주지 못하면 시스템만으로 협력사 품질수준을 향상시키는 데는 한계가 있을 것이며 문제는 지속·반복될 것이다.

❷ 입고 품질

입고 품질은 협력사에서 납품하는 부품에 대한 품질수준이다. 이는 입고검사를 통해 평가되고 관리된다. 만약 부품불량이 입고 검사에서 발견되지 못하면 생산라인에서, 생산라인에서 발견되지 못하면 출하검사에서, 출하검사에서 발견되지 못하면 고객이 발견하게 된다. 이때 그 고객은 이미 우리의 고객이 아닐 가능성이 높다. 필자의 경험도 그랬다.

대부분의 기업에서는 전수 검사나 무검사보다는 샘플링 검사를 진행할 것이다. 가장 효율적인 검사방법이다. 물론 품질수준에 따라 전수 검사와 무검사를 혼용하여 진행할 것이다. 하지만 1~10% 이내의 랜덤 샘플링으로 입고 로트에 대한 품질보증을 하기란 쉽지 않다. 만약 검출을 했다고 하더라도 기업에 따라서는 라인 스톱이나 생산계획 변경이라는 번거로움은 따르기 마련이다.

입고 품질을 확보하는 방법으로는 협력사 자체 품질보증시스템 운영이나 입고검사 검출력 향상 등이 있기는 하다. 협력사별 입고 품질 수준에 따라 차별화된 협력사 품질관리시스템 운영도 필요하다.

❸ 공정 품질

공정 품질은 제품을 생산하면서 발생되는 품질수준이라고 할 수 있다. 공정 품질은 부품 품질, 시스템 품질, 제품 품질로 나타날 수 있다. 부품 품질은 협력사에서 납품하는 부품에서 나타나는 품질, 시스템 품질은 각각의 부품이 조립되면서 나타나는 품질, 제품 품질은 시스템과 시스템 또는 부품과 시스템이 조립되면서 나타나는 품질을 말한다. 원인분석과 대책수립도 각각 다른 각도에서 접근하고 해결해야 한다.

공정 품질의 유형은 부품불량, 작업불량, 취급불량, 설계불량 등으로 표현될 수 있다. 공정 품질을 관리하는 방법은 공정검사와 공정 Patrol로 나눌 수 있다. 공정 품질은 부품 품질 개선, 작업불량 개선, 설계불량 개선 등 품질 협의체를 통해 개선할 수 있다.

❹ 출하 품질

출하 품질은 품질보증 측면에서 최후의 보루이다. 부품 품질, 공정 품질과 다르게 제품에 대한 Full Test가 가능하다. 실제 고객 사용조건에서 실장 검사와 Aging 검사가 추가되어 검출력이 높은 편이다.

물론 출하검사도 랜덤 샘플링이다. 부품검사보다 적은 수량을 검사할 가능성이 높다. 시간과 공간이 많이 필요하다.

출하검사의 기준은 철저하게 고객 관점으로 설계되어야 한다. 즉, 고객과의 눈높이를 일치시켜야 한다는 말이다.

생산에서는 흔히 출하검사와 최종검사를 혼동하는 경우가 많은데 출하검사는 최종검사와 달리 출하 직전 포장 및 보관 상태를 기준으로 랜덤 샘플링을 하고 고객 관점에서 검사를 실시해야 검출력이 높아진다. 만약 출하검사 시 로트 불합격이 발생되면 경중에 따라 전수 재검사나 재작업 또는 확대 검사를 통해 로트를 보증하기도 한다.

❺ 서비스 품질

지금까지는 주로 제품에 대한 품질이었다면 서비스 품질은 서비스를 제공하는 사람이나 방법에 따른 품질수준이다. 서비스 제공자의 스킬이나 매너, 서비스 절차나 방법, 서비스 도구, 안내 등에 의해 고객이 평가하는 품질수준이다. 때로는 서비스 품질이 제품 품질보다 우선하여 고객이 제품을 선택하는 기준으로 작용하는 경우도 많다. 그만큼 서비스 품질도 중요한 품질 중 하나다. 타사와의 차별화 포인트가 되기도 한다.

❻ 시장 품질

고객이 실제 일정 기간 사용하면서 나타나는 품질수준이다. 가장 객관적이고 중요한 품질이기도 하다. 비용의 규모나 리스크 측면에서도 그렇다. 그리고 고객이 가장 중요하게 느끼는 품질이기도 하다. 제조사의 품질평판도 대부분 시장 품질에서 평가된다. 대부분의 품질도 시장 품질의 수준을 높이기 위한 활동이라고 해도 과언이 아니다. 시장 품질에는 당해, 1년, 3년, 5년 시장 품질로도 평가할 수 있다. 시장 품질은 일일품질그물망, 품질혁신회의 등을 통해 개선할 수 있다.

❼ 품질개선

앞에서 언급한 모든 품질의 개선 활동을 말한다. 품질개선은 낱개 개선보다 수평전개를 통해 발생가능성을 줄이는 목적의 개선활동을 추천하고 싶다. 품질개선 활동 시 방법론 또한 매우 중요하다. 어떤 방법을 쓰느냐에 따라 개선기간과 효과가 달리 나타난다. 반드시 PDCA에 의한 주기적이고 눈에 보이는 관리를 통하여 개선시스템을 운영할 것을 기대한다. 대부분 개선에 대한 유효성 평가를 간과하는 경우가 있다. 즉, 효과성에 대한 유지관리이다. 통합된 품질개선 관리시스템 운영을 해보자.

더 나아가 품질개선보다는 품질혁신 관점에서 접근하면 개선의 효과는 기대 이상일 것이라는 점을 강조하겠다.

품질 전문가

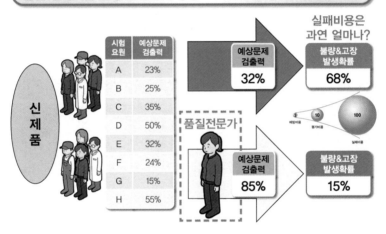

품질 전문가를 활용한 검출력 향상으로 품질실패비용 혁신적 저감

본인이 일하는 회사에는 품질 전문가가 있다고 생각하는가? 품질 전문가의 정의는 천차만별일 것이다. 품질기술사, 품질경영기사, MBB, BB, 품질 컨설턴트 등은 모두 품질 전문가라 할 수 있다. 하지만 여기서 언급하는 품질 전문가는 제품(상품)과 부품, 품질시스템, 품질이론을 이해하고 이를 토대로 품질실무 경력을 충분히 보유하여 회사에 맞는 품질 정책을 주도적으로 실행할 수 있는 사람

을 말한다. 제일 중요한 것은 제품(상품)과 부품의 특성을 이해하는 것이라고 생각한다. 모든 품질은 여기에서부터 시작되며, 품질이론과 품질시스템, 고객요구사항들도 여기에서 응용된 것이라고 볼 수 있을 것이다.

 필자가 주로 협력사의 품질진단을 할 때 가장 먼저 보는 것이 바로 품질 전문가 유무다. 품질 전문가가 있으면 협력사의 품질 미래는 밝다고 본다. 협력사는 시스템보다는 사람의 역량이 우선일 경우가 많다. 또한 외부 품질 전문가의 교육과 훈련을 통해 혁신 방안을 추진하거나 유지관리할 때 협력사 품질 전문가의 역할이 크다. 하지만 협력사 측면에서 우수한 역량의 품질 전문가를 보유하기는 쉽지 않을 수 있다. 이미 품질 전문가를 보유하고 있다면 행운이다. 만약 없다면 새로 뽑거나 육성을 해야 할 것이다. 필요하면 연구소나 생산 전문가의 도움을 받는 지원체계를 운영할 수도 있다. 대부분 협력사들은 우선 업무가 급하고 고객요구사항 대응을 위해 상황이 되는 대로 품질인력을 뽑는다. 또한 앞에서도 언급했지만 품질은 아는 만큼 보이므로 아는 것과 모르는 것은 천지차이다. 예를 들어 밸브나 전장 협력사의 품질요원들이 밸브나 전장을 모른 상태에서 품질 업무를 하면 과연 품질이 얼마나 보일까?

 예를 들면 신제품을 개발할 때 시제품을 신뢰성 및 품질 요원 8명에게 예상문제점을 도출하도록 했다. 그 결과 예상문제점 검출력이 최소 15%, 최대 55%였다고 하면 평균 예상문제 검출력은 32%로, 불량 및 고장 확률은 68%로 매우 높다. 반면 품질 전문가의 검출력이 85%라고 가정하면 품질 리스크가 약 4.5배 정도 줄여든다고 볼 수 있다. 즉, 품질 전문가의 기여도는 크다.

협력사 동반성장을 위한 품질혁신 프로그램을 운영하면서 협력사의 고민과 어려움을 이해하고 해법을 제시 및 실행했다. 사실 짧은 시간 내에 최소한 협력사에 필요한 품질 전문가를 만드는 것은 얼마든지 가능했다. 품질혁신 활동을 직접 실행하면서 품질의 맥 교육과 훈련을 거치고 나면 충분히 육성 가능했다.

하지만 아쉬운 점은 일부 협력사의 품질 전문가 이직이었다. 품질 전문가의 변화는 바로 품질실적으로 나타나는 경우가 많다. 물론 대부분의 전문가들은 사람이 바뀌더라도 품질시스템을 통해 품질을 유지해야 된다고 하지만 협력사의 현실에서는 쉽지는 않을 것이다. 그래서 협력사의 품질 미래를 위해서는 품질 전문가를 육성하고 보유하는 것이 중요하다고 생각한다.

품질역량

품질역량 = 품질시스템 역량 + 제품 품질 역량의 합

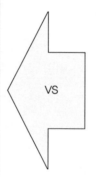

품질시스템 역량

- 신제품 프로세스
- 4M 변경 관리
- 신뢰성 프로세스
- 부적합품 관리
- 품질비용 관리
- 검사시스템
- 품질혁신 회의
- 품질프로세스 맵핑
- 품질교육
- 품질지표
- 데이터 분석
- 표준화 外 다수

VS

제품 품질 역량

- 신제품 품질검증
- 품질변동 관리
- 신뢰성 시험
- 관리포인트
- 안전율 평가
- 검출력
- 검사설계
- 품질분석
- 품질개선
- 문제해결
- 사용환경 조사
- 품질그물망 外 다수

품질역량은 품질시스템 역량과 제품 품질 역량으로 나눌 수 있는 데 경험상 품질시스템 역량을 더 중요시하는 경향이 있는 듯하다.

품질시스템 역량은 품질방침, 목표 및 책임을 결정한다. 이는 품질시스템 내에서 품질기획, 품질관리, 품질보증 및 품질개선과 같은 수단에 의해 이들을 수행하는 전반적인 경영기능의 모든 활동을 실행하는 데 필요한 조직의 구조, 절차 및 자원 체계 운영 관련 역량이다.

제품 품질 역량은 제조자 관점의 협의 품질과 고객 관점의 광의의 품질 관점에서 품질특성과 고객요구사항을 이해하고 예방할 수 있는 역량이라고 볼 수 있다.

품질시스템 역량에는 신제품 프로세스, 4M 변경관리, 신뢰성 프로세스, 부적합품 관리, 품질비용관리, 검사시스템, 품질혁신회의, 품질프로세스 맵핑, 품질교육, 품질지표, 데이터 분석, 표준화 등이 있다.

제품 품질 역량에는 신제품 품질검증, 품질변동 관리, 신뢰성 시험, 관리 포인트, 안전율 평가, 검출력, 검사설계, 품질분석, 품질개선, 문제해결, 사용환경 조사, 일일품질그물망 등이 있다.

두 개 중 여러분은 어떤 역량이 더 중요하고 우선이라고 생각하는가? 물론 두 가지 역량이 모두 중요하다. 하지만 회사의 상황에 따라 우선순위는 달라질 수 있다. 그림에서는 품질시스템 역량과 제품 품질 역량이 유사해 보이지만 실제로 실행하는 관점에서는 두 가지가 완전히 다르다.

경험상 제품 품질 역량을 기초로 품질시스템 역량이 확보되는 것이 더 효과적이라고 생각된다. 그래야 품질지표가 품질시스템에 반영되어 가장 효율적인 시스템이 운영되고 품질이 기업에 부가가치를 제공할 것이다.

예를 들어보면 신제품 프로세스는 도면DR, DPP, LPP, 양산인정회의 단계로 이뤄져 있는데 각 단계별로 품질 게이트(DR 회의)를 운영하여 신제품에 대한 품질을 보증한다. 즉, 품질시스템 역량 측면에서 해석해 보면 신제품 프로세스와 DR회의가 잘 운영되면 시스템 관점에서는 문제가 없어 보인다. 하지만 제품 품질 역량 측면에서 해석해 보면 각 단계별 품질특성과 품질변동을 놓치게 되면 품질사고가 생긴다. 이는 품질시스템 역량이 있다고 해도 결국 그 품질시스템은 무의미함을 의미한다.

4M 변경관리의 예도 마찬가지다. 4M 변경 프로세스와 시스템이 운영되더라도 4M 변경이 품질에 미치는 영향도를 검토하는 것이 제일 중요한 요소인데 제품 품질 역량이 없으면 품질시스템을 거쳤더라도 품질에 미치는 영향을 파악하지 못해 품질사고를 일으킬 것이다.

마지막으로 신뢰성 시험의 경우도 어떤 항목을 어떻게, 무엇을, 어떤 조건에서, 언제까지 등이 중요한데 이 검출력은 제품 품질 역량에 의해 대부분 결정된다고 할 수 있다.

혹시 기회가 된다면 이 두 가지 측면의 역량에 대해 스스로 평가 또는 협의해 보는 것도 나름대로 의미가 있을 것이다. 협력사 입장에서 생각해 보면 제품 품질 역량이 우선일 수 있을 것이다. 필자의 경우에도 제품 품질 역량이 더 중요하다고 생각한다. 제품 품질이 무너지면 품질시스템도 그 효용성이 떨어질 것이기 때문이다. 아무리 시스템이 좋아도 검출하지 못하면 무의미할 수 있다. 물론 품질시스템이 있으면 제품 품질에서 놓치는 것도 잡아낼 수는 있다. 하지만 경험상 제품 품질 역량이 더 품질에 많은 영향을 미친다고 생각한다.

사실 일반 외부교육을 통해 전반적인 품질역량을 올리는 데는 현실적으로 한계가 있다고 생각한다. 품질에 대한 전체 흐름을 찾는 데 다소 어려움이 있을 수 있기 때문이다. 어떤 교육이 필요한지 계획하기도, 방향성을 잡기도 쉽지는 않을 것이다. 그래서 대부분 교육 이수 후 현실과의 거리감 때문에 적용하는 데 다소 어려움을 느낄 것이다.

품질교육 구분(사례)		연구소	신뢰성	품질 관리	생산	교육 비중
품질이론 교육 (시스템 역량)	품질 마인드					5
	QFD					
	FMEA					
	다구찌					
	신뢰성					
	6시그마					
	품질경영					
	ISO					
	미니탭					
	품질문제 해결					
	공정능력					
	검사실무					
	SPC					
	품질관리					
	4M 변경점					
실무 교육 (제품 품질 역량)	제품 이해					5
	실패 사례					
	실무 프로세스					
	제품 응용 실습					

앞에서 설명한 품질역량을 높이기 위해서는 반드시 품질교육이 필요하다.

모두들 하나같이 품질교육의 필요성과 중요성에 대해서는 공감하면서도 실행과 방향에 대한 고민은 많이 하지 않는 듯싶다. 필자도 지금까지 수많은 품질교육을 받아왔지만 품질교육에 대한 전체적인 개념설계와 목표를 가지고 받은 것은 아니었다. 막연히 필요할 것 같아서 교육을 받았던 것 같다.

현재 우리나라 품질교육의 개념 설계는 어떤 것일까? 때로는 주변에서 들려오는 품질교육에 대한 평가들은 현업에서 활용하기에는 현실적으로 어려움이 있다고 한다. 앞의 품질교육표는 교육 내용과 대상을 임의로 구분한 것으로 시스템 역량 외에 제품 품질역량도 중요하다는 것과 조직별로 우선해야 할 교육내용이 다르다는 것을 표현하기 위한 것이니 구분이 조금 다르더라도 이해를 바란다. 가능하면 많은 품질교육을 받기를 기대한다.

모든 교육을 모든 조직이 다 받으면 좋지만 만약 시간과 여유가 부족하다면 표와 같이 조직에 조금 더 필요한 교육과 업무에 자주 사용되는 교육을 우선 받기를 추천한다.

참고로 CEO, 임원, 관련 팀까지 전사적인 품질마인드 교육이 선행되어야 하지만 품질실무에 직접적인 영향을 미치는 내용 위주로 설명하고자 한다.

가장 우선 교육해야 할 내용은 여러분 회사의 실패사례를 분석했을 때 점유율이 가장 높은 원인에 대한 것이다. 예를 들어 표에 있는 여러 가지 교육 중 4M 변경이 실패 점유율이 가장 높다면 4M 변경 교육을 제일 먼저 해야 효과가 있을 것이다.

품질시스템과 품질이론에 대해 교육을 받을 때는 알 것 같은데 막상 현업에 적용하려고 하면 어떻게 해석하고 응용해야 할지 잘 모르는 경우가 있어 많이 포기하는 경우가 있을 것이다. 과연 어떤 이유 때문일까? 필자도 여러 교육기관에 품질교육을 받고 난 후 현업에 적용하려고 했을 때 같은 고민이었다. 이제는 품질교육과 현업 실행을 위한 품질교육의 실효성을 확보할 때가 된 듯하다. 그래서 필자가 고민하고 느꼈던 원인과 방향성에 대해서 설명하고자 한다.

품질역량은 시스템 역량과 제품 품질 역량으로 구분되는데 주로 품질교육은 시스템 또는 이론 역량 교육을 위주로 시행되고 있다. 표에서 보듯이 현재 주요 품질교육 항목은 품질마인드, QFD, FMEA, 다구찌, 신뢰성, 6시그마, 품질경영, ISO, 미니탭, 품질문제 해결, 공정능력, 검사실무, SPC, 품질관리, 4M 변경점 등이다. 이러한 품질시스템 또는 품질이론 교육을 통해 품질실무자들이 현장에서 본인들에게 직접 필요한 단계 및 항목에 대해서 집중적으로 응용하여 활용한다면 그 교육의 실효성과 효과는 매우 클 것이다. 하지만 본인에게 필요한 단계와 항목을 찾기가 쉽지 않을 것이다.

그래서 제품 품질 역량이 반영된 교육 프로그램 운영이 필요하다. 제품 품질에 대한 역량이 더 중요할 수 있다. 제품에 대해 모르면 품질시스템이나 품질이론을 제품이나 프로세스에 응용하기가 힘들다.

제품 품질 역량을 위한 실무교육에는 제품 이해, 실패사례, 실무 프로세스, 제품 응용 실습 등이 있다. 모든 품질이론 교육들이 이와 연계되어 교육 또는 실습이 되어야 실무에 적용이 가능할 것이다. 여기서 제품은 교육생들과 직접 연계된 제품이고 이 제품으로 실습할 때 교육효과가 크다.

실습을 교육에 포함하고 강사와 교육생들이 품질시스템 또는 품질이론과 제품에 대한 연계를 통해 최적의 교육결과물과 현업에 응용하여 활용할 수 있는 교육체계를 만들어야 한다.

필자가 실제 이러한 교육방법으로 품질교육을 협력사를 대상으로 전개해 본 결과, 교육 만족도와 이해도, 업무 연계성과 활용도가 높았다.

즉, 교육시간에 교육생들이 생산하는 제품과 부품을 활용하는 것이다. 이에 대한 이론과 실물을 같이 고민하고 응용하여 결과물을 만들어 냈을 때 교육생들은 이를 더 잘 이해하고 업무에 반영할 수 있는 수준까지 도달했다.

FMEA의 예를 들어보자. 연구소 및 품질부서에서는 대부분 FMEA에 대한 교육을 받아 보았을 것이고 심지어는 고가의 컨설팅도 받아 보았을 것이다. 하지만 현업 적용과 유지관리는 기대 이하인 경우가 많을 것이다. FMEA의 필요성과 중요성은 너무나 많이 들은 이야기다.

이를 실무에서 실행하는 데 제약 요건으로 작용하는 것이 생각보다 많다. 전체적인 프로세스 구성, 참여 인원, 양식, 시간투자, 예상 문제점 검출, 전개 순서, 결과물 해석, 유효성 평가 등이다. 그러나 FMEA가 품질 향상에 직접 도움이 될 때, 사용자들이 그 필요성과 중요성을 피부로 느낄 때라면 비로소 현업 적용에 최선을 다할 것이다. 그러면 장기적으로 FMEA도 정착될 것으로 기대한다.

즉, 교육 시 이러한 제약 요건과 사전 준비사항 등에 대해 추가하여 교육한다면 적용 사례가 늘어날 것으로 본다.

필자도 FMEA에 대한 집체교육을 받은 후 실제 실행을 시도했을 때 참여자들이 실행에 어려움을 많이 겪는 것을 보았다. FMEA의 고장모드 및 영향도 평가 시트 작성부터 어려움이 있었다. 우선 FMEA 양식에 있는 항목들이 이후 품질 단계에 어떻게 활용되는지, 예상 문제점에 대한 검출력은 충분한지, 입력시트 순서대로 입력 시 앞뒤가 연계되는지, 예방대책과 관리대책에는 어떠한 방법이 있는지 등 수많은 풀리지 않는 의문이 있었다. 교육을 하는 강사와 교육생들은 각각 지식, 경험, 생각이 다르기 때문이었다.

즉, FMEA를 잘하기 위해서는 이론도 잘 알아야 하지만 더욱 중요한 것은 제품에 대해서 더 잘 아는 것이다. 또한 품질의 전체적인 프로세스에 대한 이해와 전반적인 품질지식이 있어야 FMEA의 실행력과 완성도가 높아진다.

강사는 제품과 회사의 전체 품질 프로세스에 대해 잘 모르기 때문에 교육내용에 반영하기 힘들 수 있다. 반대로 교육생들은 FMEA에 대한 이해도가 낮기 때문에 제품에 대한 해석을 양식에 대입하는 것을 어려워한다.

그래서 필자가 이러한 상황을 반영하여 해결해 보고자 연구소 설계자와 품질요원을 모아놓고 실제 최적의 베스트 사례를 만들어 보았다. 신제품에 들어가는 하나의 시스템에 대해 완성도 있는 FMEA를 실행하는 데 거의 8시간이 소요됐다.

앞에서 설명한 제약 요건들을 해결하고 품질시스템 또는 품질이론과 제품에 대한 지식을 연결시켜 FMEA 양식을 채워 나갔다.

생각보다 쉽게 전개됐고 완성도가 있는 FMEA 결과물이 나왔다. 이후 단계에서 FMEA 시트에 대한 활용도도 높아보였다. 물론 참여자들도 교육 시에는 어려워하는 듯 보였으나 전체적인 FMEA 실행과 관련된 프로세스와 방법을 연계시켜줬더니 만족했다. FMEA의 실패 이유 중 하나는 이후 단계에 연계가 되지 않고 초기 설계 단계에서만 작성되고 묻혀버리기 때문이다. 완성도가 낮기 때문에 이후 단계에서 활용도가 낮은 것이다.

필자도 FMEA 전문은 아니지만 현재보다는 발전된 현업 맞춤형 교육 프로그램 개발이 가능하겠다는 희망을 얻었다.

품질기준

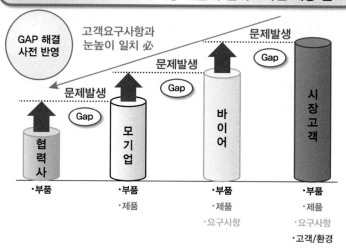

품질기준에 대한 고객요구사항 눈높이 일치→사전 예방 필요

GAP 해결
사전 반영

고객요구사항과
눈높이 일치 必

문제발생

문제발생

문제발생

Gap

Gap

Gap

협
력
사

모
기
업

바
이
어

시
장
고
객

• 부품

• 부품
• 제품

• 부품
• 제품
• 요구사항

• 부품
• 제품
• 요구사항
• 고객/환경

　품질을 예방하거나 개선할 때는 단계별 품질지표의 추세를 분석한 후 단계에 맞는 문제점과 대안을 수립하여 추진해야 하는데, 가장 우선적으로 필요한 건 고객과의 눈높이 일치다. 아무리 제조자(협력사) 관점에서 완벽하더라도 고객 관점에서는 그렇지 않을 수 있다.

　고객과 눈높이 일치를 이루기 위해서는 검출력에 대한 현 수준 분석이 필요하다. 그림에서와 같이 협력사와 모기업, 바이어, 시장 고객 사이에는 눈높이 차이가 항상 존재한다. 그래서 협력사가 아무리 완벽한 품질을 제공했다고 하더라도 문제가 생길 가능성이 높다. 품질의 전체 흐름과 구성을 보고 사전에 협력사 단계에서 가능한 항목에 대해서는 사전에 반영하여 예방관리할 수 있는 역량이 필요하다.

협력사는 우선 부품관점에서 검사하고 관리할 것이다. 하지만 이 부품이 모기업으로 납품이 되면 상대물과 형합되거나 조립이 되어 또 다른 품질특성을 만든다. 품질은 서로에 대해 영향력을 가지고 있기에 가능하다면 협력사에서 상대물에 대한 정보과 구조, 납품한 부품에 미칠 수 있는 영향도를 사전에 파악하여 검사나 관리에 반영하는 것이 좋다. 이렇게 한다면 협력사 차원에서는 품질에 대한 리스크를 제거할 수 있을 것이다. 물론 도면과 승인원이 모기업에서 내려오기는 하지만 이러한 변동은 도면에 반영되지 않은 수치상의 값이기에 살아 숨 쉴 수 있는 품질변동을 점검할 필요가 있다. 경험상 이와 같은 시행착오는 대부분 겪는다.

제품은 협력사로부터 납품받은 부품을 조립하여 완성된다. 모기업에서 이 제품을 잘 검사하고 관리했더라도 바이어 입장에서는 또 다른 요구사항이 생길 수 있다. 즉, 모기업에서도 바이어의 요구사항을 사전에 입수하여 제품 생산 또는 검사 시 반영·관리해야 한다. 바이어의 요구사항은 문서나 메일로 전달될 수도 있지만 유선상이나 구두로도 전달될 수 있기에 이에 대한 명확한 표현과 정보 공유도 필요하다. 이는 회사의 규모나 시스템에 따라 다르기 때문에 회사에 상황에 맞게 운영되면 된다.

관리가 명확하지 않아 발생한 실패사례는 1년 중 한 번이라도 발생할 것이다. 꼭 예방하기를 바란다. 바이어 또한 제품을 사용하는 고객이 아니므로 고객 관점에서 보지 못할 수 있다. 이로 인해 또 다른 이슈가 발생될 수 있는 것이다. 이를 보완하기 위한 것이 고객요구사항과 사용환경 조사다. 이 조사 결과가 설계 단계에서 생산 단계까지 반영되어야 실패확률을 줄일 수 있다. 물론 이는 쉽지는 않다. 하지만 회사가 성장할수록 필수적인 프로세스로 다가올 것이기에 미리 대응하는 것이 좋을 듯하다.

즉, 품질에 대한 기준을 사전에 명확히 하고 고객요구사항과 눈높이를 일치시키는 것이 품질을 사전에 예방하는 제일 좋은 방법 중의 하나임을 전하고 싶다.

품질은 결국 고객이 판단하고 결정한다. 고객과의 눈높이 차이를 줄이는 과정이 시행착오를 줄이는 지름길이다.

승인원 관리

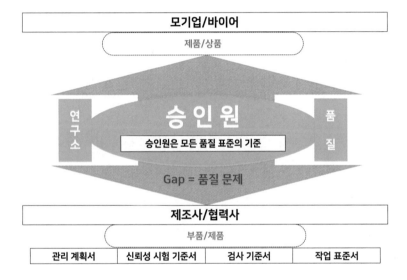

	모기업/바이어		
	제품/상품		

승인원

승인원은 모든 품질 표준의 기준

연구소 / 품질

Gap = 품질 문제

	제조사/협력사		
	부품/제품		
관리 계획서	신뢰성 시험 기준서	검사 기준서	작업 표준서

제품이나 부품을 개발하고 관리하기 위해서는 서로 문서상 약속하고 합의된 내용이 필요하다. 그 내용이 기록된 문서를 '승인원'이라고 하는데, 여기에는 물론 도면을 기초로 각종 기록물과 검토 결과물이 포함되어 있다. 승인원을 보면 고객이 요구하는 형태와 특성 그리고 승인 결과물들을 알 수 있다. 이것을 임의로 변경하거나 폐기해서는 안 된다. 그리고 검사나 시험할 때 이것을 보고

판정한다. 즉, 승인원은 해당 제품이나 부품에 대해 승인을 받기 위해 작성하는 문서이다.

승인원은 고객과 합의된 최종 표준이다. 이는 최종본을 기준으로 제품과 부품을 제조하고 내외부 고객이 원하는 제품과 부품을 관리하는 데 지침과 기준서가 된다. 또한 품질문제 발생 시 귀책 판정의 기준이 된다. 그래서 승인원은 최신본 관리가 중요하다. 때로는 최신본이 아닌 구본으로 제품과 부품을 만들어서 생기는 실패 사례도 있다.

품질 업무를 하다 보면 품질문제는 자주 발생한다. 원인 분석 후 불량이나 고장품에 대한 귀책을 정의할 때 승인원에 명확한 기준과 스펙이 없다면 귀책 결정에 혼선이 생길 수 있다.

만약 승인원에 기준이나 스펙에 대한 언급이 없다면 모기업에서는 협력사 또는 제조사에 귀책이 있다고 판단하게 될 수 있다. 그래서 승인원에 대한 특별한 관리가 필요하다.

승인원에 포함되어야 할 항목은 회사마다 다르지만 기본적인 항목은 다음과 같다. 승인원 목록, 제품 규격, 파트 리스트, FMEA, QC 공정도, 관리 계획서, 도면, 검사 규격, 검사 성적서, 규격 자료, 기능 설명서, 신뢰성 규격, 신뢰성 시험 성적서, 인정 시험 성적서, 유해물질 평가표, 작업 표준서, 포장 규격 등이다.

승인원은 시간이 지날수록 내용들이 변경되면서 각 항목에 대한 일치성에 문제가 발생한다. 그래서 연구소, 품질, 협력사 담당자들이 각자 다르기 때문에 승인원 전체 관리에 대한 프로세스와 처리 기준이 필요하다. 그렇지 않으면 담당자들이 편한 대로 처리하고 관리하게 된다. 그러다 보면 승인원의 각 항목마다 양식 및 기준에 차이가 발생하고 일치성이 틀어진다.

그러면 승인원 일치성을 어떻게 점검하고 개정해야 할까?

물론 정답은 없다. 우선 품질 업무에 필요한 항목에 한해 일치성을 점검하는 방법을 살펴보자.

비교 항목을 순서대로 나열하면 승인원 목록, 관리 계획서, 신뢰성 기준서, 검사 기준서, 작업 표준서, 검사 성적서 등이 있다. 승인원 목록은 서로 합의된 표준대로 목록이 구비되어 있는지를 점검하고, 관리 계획서, 신뢰성 기준서, 검사 기준서, 작업 표준서는 서로 각각 세부 항목들을 비교하여 일치성을 점검한다. 마지막으로 검사 기준서와 검사 성적서를 서로 비교하여 일치성을 점검한다.

이렇게 일치성을 점검하다 보면 문제점이 발생할 것이다. 일치성 점검을 했는데 완벽하게 일치한다면 분명 수준 높은 회사일 것이다.

특히 불일치 항목이나 세부 내용을 수정할 때 수치나 내용을 임의로 수정하거나 개정하지 않도록 주의해야 한다. 그로 인해 큰 품질문제가 발생될 수 있기 때문이다. 이 점을 꼭 명심하기 바란다. 4M 변경으로 인한 품질 영향도가 나타날 가능성이 크기 때문이다.

만약 작업 표준과 승인원 내용이 불일치하여 설비의 기준 온도를 임의 변경하여 작업했다고 가정해 보자. 형합성에 문제가 발생할 수도 있고, 시간이 지나면서 내구성에 문제가 생겨 큰 품질 사고를 야기할 가능성도 있다. 그래서 혹시나 승인원 항목을 개정하게 된다면 서로 영향도를 검토한 후 합의 과정을 거쳐야 한다. 이를 토대로 하여 가장 적합한 승인 조건으로 일치화를 해야 한다.

승인원의 중요성은 아무리 강조해도 지나치지 않다. 경험해 보면 더욱 그렇다. 승인원은 모든 것의 표준이며 합의 문서이자 판정 기준이다. 아직도 승인원의 중요성을 모르거나 그 일치성 또는 활용성이 낮은 회사나 품질인이 있다면 생각을 바꿔야 한다. 지금 이 순간 승인원을 기초로 모든 품질 표준을 다시 세우기를 기대해 본다.

Quality

품질 안전율

안전율이 높을수록 불량 · 고장 확률이 낮고 관리가 용이

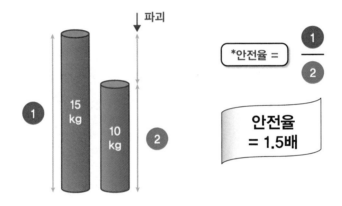

품질 안전율은 품질이 관리되지 않더라도 얼마나 안전한가를 파악하도록 하는 지표가 된다.

품질 안전율은 품질설계 시 반영 여부에 따라 결정된다. 설계자가 품질 안전율 개념을 모르고 설계했을 경우 품질이나 생산부서에서 그만큼의 관리에 대한 투자와 노력을 할 수밖에 없다.

만약 설계자가 품질 안전율을 0.1㎜로 설계했다면 관리부서에서

는 0.1mm를 관리하기 위해 많은 시행착오를 거쳐야 할 것이다. 물론 중요한 부품에 대해서는 0.01mm라도 관리할 수도 있지만 가능하다면 충분한 안전율을 확보해주는 것이 효율적이다. 반대로 설계자가 관리가 필요 없을 정도의 안전율을 확보해 설계한다면 품질이나 생산부서에서는 그만큼 쉽게 관리할 수 있다.

품질 안전율은 부품, 상대물, 사용환경에 의해 달라질 수 있다.

앞의 그림에서와 같이 만약 A 부품의 파손 강도가 15kg라고 가정하자. 실제 제품에서 사용되는 허용 강도를 10kg라고 하면 5kg의 여유가 있다. 즉, 사용환경에 의해 5kg 이하의 변수가 작용하더라도 A 부품은 문제가 없을 것이다. 이 부품은 품질 안전율을 5kg만큼 가지고 있다. 그래서 15kg 나누기 10kg를 하여 1.5배의 안전율을 가지고 있다고 본다. 만약 파손강도가 11kg라고 한다면 사용환경에 의해 2kg의 변동만 발생하더라도 A 부품은 파손되어 품질문제가 발생한다.

명확한 사용환경을 모를 경우 안전율을 확보해 놓는다면 품질문제를 예방할 수 있을 것이다.

품질 안전율을 물론 최고치로 확보할 수도 있지만 여기에는 비용이 따른다. 즉, 비용을 고려한 품질 안전율 설계가 필요하다는 것이다. 다만, PL이나 치명적인 품질 리스크가 있을 경우에는 비용보다 품질 안전율을 우선 고려해야 한다.

특히 신제품 설계나 검증 시 반드시 제품 전체에 대한 안전율을 구체적으로 측정하고 분석하여 설계에 반영할 수 있는 시스템을 운영하기 바란다.

단발적인 안전율에 대한 설계와 예방 활동을 본 경험은 있으나 설계에서 고객 단계까지 전체 프로세스상에서 안전율 특별관리 프로세스를 운영하는 곳은 아직 보지 못했다. 물론 잘하는 회사도 있겠지만 안전율의 중요성은 아무리 강조해도 지나치지 않다. 안전율은 일의 범위, 비용의 크기, 인력의 수 등을 결정하는 중요 품질 요소이기 때문이다.

안전율 검토 전후의 효과 차이는 대량 양산으로 이어질 때 실감할 수 있을 것이다. 설계 단계에서 1명이 예방할 것인가, 양산 단계에서 100명이 조치할 것인가? 여러분의 생각이 궁금하다.

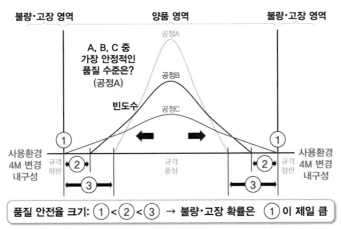

품질 안전율은 사용환경, 4M 변경, 내구성 등에 의해 영향을 받고 변화한다.

위 그림을 보자. 불량 및 고장영역을 규격하한과 규격상한을 벗어난 영역이라고 가정하고, 규격중심으로 봤을 때 양품영역에서 공정 A, B, C의 빈도수 분포를 해석해 보자. 공정 A, B, C 중 가장 안정적인 품질수준은 어떤 공정이라고 생각하는가?

공정 A가 자장 안정적인 품질수준이다. 왜냐하면 공정 A의 분포가 규격 상한 또는 하한과 여유치가 있기 때문이다.

그림에서와 같이 품질 안전율의 크기는 3이 제일 크다. 즉, 공정 A는 3의 크기만큼 안전율을 가지고 있어 사용환경, 4M변경, 내구성 등의 품질변동으로 인한 리스크는 제일 적다. 반대로 공정 C의 안전율은 1로 조금만 변동이 생겨도 규격 상한, 하한을 벗어날 확률이 매우 높다. 이렇게 품질에 대한 분포를 분석하여 로트에 대한 품질 안전율을 평가하는 방법도 있다.

우리가 인지하지 못하는 사용환경, 4M 변경, 내구성 등의 변동을 안전율 확보를 통해 해결하는 방법에 대해 이해하고 업무에 적용해 보자.

Quality

품질변동

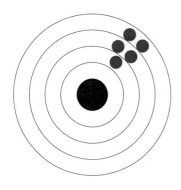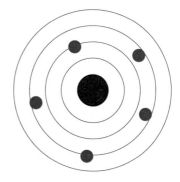

산포의 개념

정밀하지만 정확하지 않음   정확하지만 정밀하지 않음

　품질에 있어서 알아야 할 중요한 개념은 바로 산포이다. 품질의
특성은 각각 다른 값을 가지고 있다는 특징을 가지고 있는데, 이
는 중요하다. 낱개마다 가지는 특성값도 다르지만 로트의 특성값
도 각각 다르다. 각각의 품질 특성값들이 모여 데이터를 이루는데,
이 데이터를 분석하여 평균과 산포 등을 분석할 수 있다.
　산포의 정의는 특성값의 퍼짐이다. 즉, 특성값이 평균으로부터 얼마나 퍼져있는가를 말한다. 만약 여러분이 그림에서와 같이 과녁에 총을 쏜다고 가정해 보자. 왼쪽 그림에서와 같이 총알이 한쪽으로 집중적으로 몰리는 경우가 있을 수 있고, 반면에 오른쪽 그림과 같이 전반적으로 넓게 퍼지는 경우도 있을 것이다.

이런 경우 어느 유형이 관리 또는 개선하는 데 더 유리해 보이는가? 대부분 왼쪽 그림과 같이 한쪽으로 몰리는 경우가 더 유리하다고 할 것이다. 왼쪽 그림은 평균값이 중앙에서 치우쳐 있기 때문에 평균값을 중앙으로 옮기기만 하면 평균과 산포가 좋아져서 안정적인 모습을 보일 것이기 때문이다. 즉, 평균을 옮기는 하나의 작업만 해주면 관리와 개선이 가능하다. 이런 경우는 '정밀하지만 정확하지는 않다'라고 표현한다.

하지만 오른쪽 그림과 같이 각각 퍼져 있는 경우에는 각각의 특성값들을 모두 옮겨야 평균과 산포가 좋아진다. 이 경우 평균은 내면 중앙에 가깝지만 산포가 커서 언제든지 과녁을 벗어날 가능성이 커지기 때문에 다소 불안한 모습이다. 각각에 대한 여러 가지 방법으로 조치를 취해야 안정적인 모습으로 돌아올 수 있다. 이런 경우는 '정확하지만 정밀하지가 않다'라고 표현한다.

즉, 각각의 특성값에 대한 데이터의 움직임을 보지 않고 단순히 평균개념으로만 품질관리를 한다면 품질 예방을 하기 힘들다. 품질관리에는 각각의 움직이는 품질 특성값에 대한 관심이 필요하다.

이렇게 중요한 산포가 발생하는 이유는 설계에서 제조 단계에 이르기까지 우리가 모르는 품질변동 요인들이 살아 숨 쉬기 때문이다. 산포는 결과물이지 요인은 아니다.

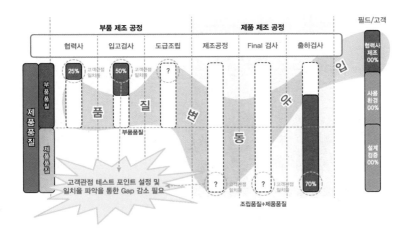

산포를 발생시키는 요인인 품질변동 요인에 대해 살펴보자.

제품 품질은 그림에서와 같이 부품 제조공정에서 발생되는 부품 품질, 제품 제조공정에서 발생되는 제품 품질이 합쳐진 결과물이다. 부품 품질은 주로 협력사로부터 만들어진 품질이기에 이에 대한 사전 부품 품질에 영향을 주는 품질변동 요인이 수시로 유입된다.

이러한 부품 품질을 토대로 부품들을 조립하면서 나타나는 품질이 제품 품질로 연결되어 나타나는데 이 또한 부품들이 조립되면서 여러 가지 품질변동 요인들이 수시로 유입된다.

이처럼 품질변동 요인들이 전 제조공정 과정에 수시로 유입되어 품질을 변화시키기 때문에 품질변동 요인을 어떻게 눈에 보이게 관리하고 예방할 것인가에 따라 품질의 수준이 결정된다.

물론 제조 이후 단계에서도 품질변동은 발생될 수 있다. 전반적인 품질변동에 대해 추가적으로 살펴보자.

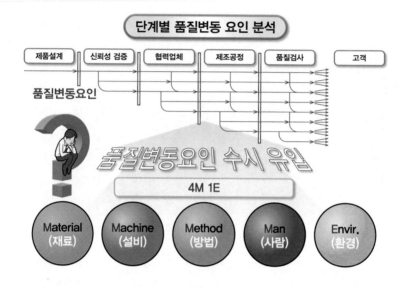

품질은 '살아 숨 쉬는 생명체'라고 할 수 있다. 바로 품질변동 때문이다. 품질변동에 대한 정의도 각각 다를 수 있지만 여기서 품질변동은 품질에 영향을 미치는 모든 요소를 말한다. 예를 들어 사람, 재료, 방법, 설비, 환경, 물류, 포장, 고객 등 전 단계에 걸친 품질영향 인자를 포함한다고 볼 수 있다.

품질변동 관리의 의미는 그림에서와 같이 단순히 검사에 의한 합부 판정이 아니라, 살아 숨 쉬는 생명체와 같은 품질변동 인자들의 산포관리를 통해 눈에 보이게 하고 요구사항에서 벗어나지 않게 미리 점검·예방함으로써 발생되는 손실을 최소화하고 효율화하는 것이다. 즉, 품질변동 특별관리 시스템은 불합격 또는 불량으로 가기 전에 미리 시그널을 감지하여 사전에 조치하고 개선해서 예방할 수 있는 좋은 도구다.

품질변동 요인을 어떻게 보이게 하여 관리·예방할 수 있는지가 중요하다. 중요한 것은 주요 품질변동 요인은 우리가 잘 모르거나 눈에 잘 보이는 않는다는 점이다. 품질문제의 약 70%는 4M 변경으로부터 발생한다고 한다. 이 외의 환경에 의해서도 품질은 변할 수 있다. 물론 사용환경도 이에 포함된다. 예를 들면 국내와 해외의 사용환경과 기후가 다르기 때문에 출하 이후에도 제품과 부품에서 고객 관점의 우리가 모르는 품질문제가 발생할 가능성이 높다. 이 또한 수출하는 기업에게는 중요한 요소 중 하나다.

그럼 과연 본인이 속한 회사의 품질변동 요인은 무엇인지 알고 있는가? 최소한 설계 단계에서부터 품질변동 요인을 찾고 이후 단계별 관리계획을 수립하여 품질변동이 보이게 하고 공유하고 관리해야 품질을 예방할 수 있을 것이다.

품질변동은 품질혁신 전략에서 가장 큰 영향을 미치는 요인이라고 본다.

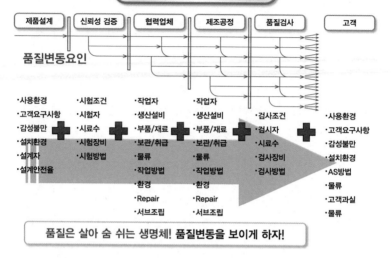

단계별 품질변동 요인 분석

| 제품설계 | 신뢰성 검증 | 협력업체 | 제조공정 | 품질검사 | 고객 |

품질변동요인

제품설계	신뢰성 검증	협력업체	제조공정	품질검사	고객
·사용환경	·시험조건	·작업자	·작업자	·검사조건	·사용환경
·고객요구사항	·시험자	·생산설비	·생산설비	·검사자	·고객요구사항
·감성불만	·시료수	·부품/재료	·부품/재료	·시료수	·감성불만
·설치환경	·시험장비	·보관/취급	·보관/취급	·검사장비	·설치환경
·설계자	·시험방법	·물류	·물류	·검사방법	·AS방법
·설계안전율		·작업방법	·작업방법		·물류
		·환경	·환경		·고객과실
		·Repair	·Repair		·물류
		·서브조립	·서브조립		

품질은 살아 숨 쉬는 생명체! 품질변동을 보이게 하자!

품질변동에 대한 이해를 돕고자 각 단계별 품질변동 인자에 대해 자세히 살펴보려고 한다.

우선 제품설계 단계에서는 사용환경, 고객요구사항, 설치 환경 등에 의해 품질변동이 시작된다. 여기서 품질변동 인자를 놓치게 되면 이후 단계에서는 발견하기 힘들다. 곧 품질사고로 이어진다. 그 영향도는 매우 크다.

다음 단계인 신뢰성 검증 단계에서는 시험조건, 시험자, 시험방법 등에 의한 품질변동이 추가된다. 여기서는 시험에 의해서 품질변동을 파악할 수 있느냐가 중요하다. 실제 품질변동 요소를 발생시키지는 않지만 시험에 의해 품질변동 요인을 도출하거나 놓치는 일이 발생한다. 시험이나 검증을 잘못하게 되면 품질변동 관리 포인트가 변하거나 바뀐다. 그래서 시험법과 검출이 중요하다.

다음은 협력사 단계에서의 품질변동이다. 협력사에서는 작업자, 생산설비, 작업방법, 환경, 보관, 취급 등에서 품질변동이 발생된다. 특히 협력사의 품질변동은 고객사에서는 잘 보이지도 않고 모르는 경우가 많다. 그래서 필요한 것이 4M 변경점 신고제도이다. 이는 4M 변경 단계에서 자세히 설명하고자 한다.

다음은 고객사의 제조공정에서의 품질변동이다. 이 단계의 품질변동 또한 협력사와 같은 4M에 의한 것이다. 이는 내부의 4M 변경 신고제도를 통해 협력사보다는 잘 보이고 관리될 것 같지만 실제로는 협력사보다 잘 안 되는 경우도 있다. 내부이기 때문에 4M 변경에 대해 관대해지는 경향이 있는 것이다. 이를 잘 관리하기 위해 4M 변경에 대해서는 협력사와 내부를 구분하여 신고 및 관리되도록 해야 한다.

품질검사 단계에서도 품질변동이 발생한다. 이 단계에서는 신뢰성 검증 단계와 유사하게 품질변동 검출 여부가 중요하다. 물론 검사자와 방법에 의해 양품이 불량으로 바뀌는 경우도 있지만 그것보다는 검출 및 예방에 그 목적을 두고 싶다. 품질변동 요소 및 관리 포인트를 미리 검사계획에 반영하여 도출하고 예방하는 활동을 전개해야 한다.

마지막으로 고객 단계에서의 품질변동은 고객요구사항, 고객과실, 물류, AS 방법 등에 의해 발생한다. 고객 단계에서는 도저히 이해할 수 없는 불량이 발생하기도 한다. 하지만 분석해보면 우리가 모르고 있었기 때문에 이해할 수 없는 경우가 많다. 고객의 사용패턴이나 사용환경이 너무나 다양하기 때문에 그렇다. 지금까지의 실패사례와 고객 경험을 통해 품질변동 요소를 피드백하여 설계 단계에 반영하는 시스템을 구축해야 할 것이다.

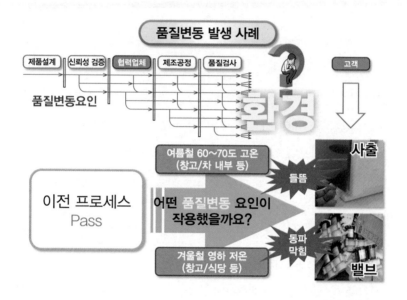

사례에서는 어떤 제품을 여름철에 사출물 A와 B의 부품이 접착테이프로 형합된 제품을 수출했다. 제품설계, 신뢰성 검증, 협력사, 제조공정, 품질검사 등 모든 단계를 통과하여 바이어에게 판매됐다. 그런데 최종적으로 바이어가 제품을 받아보고 판매를 위해박스를 해체하는 순간 A와 B 부품이 일부 들떠 있었다.

또 하나의 사례다. 겨울철에 제품을 수출했다. 그런데 바이어로부터 제품의 유로가 막혔다는 불만이 제기됐다. 이유는 협력사에서 밸브에 대해 물 테스트를 진행하고 잔수를 완벽하게 제거하지 않아 밸브 안에서 물이 얼어 버렸기 때문이다.

이 두 사례에서는 어떤 품질변동 요소가 작용한 것으로 보이는가? 전자는 여름철 고온으로 인한 사출물 A와 B의 수축 및 팽창률이 달라 스스로 들뜬 것이고, 후자는 겨울철 영하의 온도에 의해 밸브 내부의 물이 얼어서 막힌 경우이다.

이렇듯 어느 단계에서든지 작은 품질변동 요인이 사용환경에 의해 발생하기 때문에 품질변동을 예측하거나 예방하지 못하면 품질사고는 일어난다.

초기 설계 단계에서 고객 단계까지의 품질변동 요소를 사전에 설계 단계에서 최대한 반영하게 되면 놀라운 품질혁신의 결과가 바로 눈앞에 보일 것이다.

필자의 경험상 이렇게 했을 때 품질 리스크가 많이 줄어들었다.

4M 변경

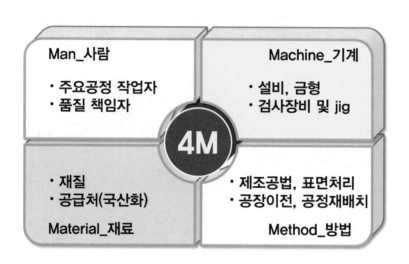

'모든 품질문제의 약 70%는 4M 변경으로부터…'라는 말이 있다. 그만큼 중요하다는 이야기다. 4M 변경은 너무도 중요하기 때문에 대부분 알고 있을 것이다.

하지만 필자가 실제 기업들을 평가할 때 4M 변경점 관리 실태를 살펴보면 정확히 이해하고 관리하는 기업은 많지 않았다. 중요하기는 하지만 세부 사항 적용에는 다소 어려움이 있을 것이다.

우선 4M의 정의를 그림에서 살펴보자. 이는 Man(사람), Machine

(기계), Material(재료), Method(방법)를 말한다.

Man(사람)은 전체가 대상이 될 수 있겠지만 관리의 현실성을 감안하면 주요 공정 작업자, 품질책임자, 품질검사자 등을 들 수 있다. 이와 관련하여 대기업과 중소기업 간의 차이도 있을 것이다. 대기업은 대기업 내부와 협력사의 사람 변동에 대한 신고 체계를 구분하여 운영해야 하겠지만 협력사 입장에서는 내부 사람에 대한 변동만 관리해도 문제없다. 이렇듯 사람 측면의 4M 변경관리도 실무에 들어가면 그렇게 쉽지만은 않은 일이다. 그래도 품질이슈가 발생한 후 조사를 해보면 반드시 내부 또는 외부의 사람 변동으로 인해 품질이 움직이는 경우가 있기 때문에 관리가 필요하다.

Machine(기계)은 설비, 금형, 검사장비 및 지그 등의 변경을 말한다. 예를 들면 금형을 새롭게 파서 부품을 찍는다고 가정했을 때 치수, 형합성, 구조, 성능 등의 변화를 가져올 수 있다. 또한 검사장비나 지그가 고장 나서 수리하거나 신규 제작할 때도 검사의 검출력과 유효성이 변할 수 있다. 이에 대한 실패사례도 많이 발생한다.

Material(재료)은 원재료, 재질, 공급처 변화 등의 변경을 말한다. 만약 원재료를 임의로 변경하여 부품을 생산했을 때 현재는 눈에 보이지 않지만 시간이 경과함에 따라 내구성에 문제가 발생되면 매우 큰 품질사고로 이어질 수 있고 실패비용 또한 막대할 것이다. 이 또한 실패사례가 존재한다.

하지만 대기업이나 세계 일류 메이커로부터 납품을 받는다고 해서 무검사로 생산에 투입되는 사례가 많다. 만약 할 수 있다면 이에 대해서도 입고 시 사전 검증하는 프로세스를 운영하는 것도 좋은 방법이다.

Method(방법)는 제조 공법, 공장 이전, 공정 재배치, 작업 방법 변경, 검사방법 변경 등을 말한다. 방법의 변경 또한 품질특성의 변화나 검출 가능성의 변화 요인이므로 반드시 사전 검토 후 진행하는 것이 좋다. 품질은 주로 4M 변경에서부터 살아 숨 쉰다.

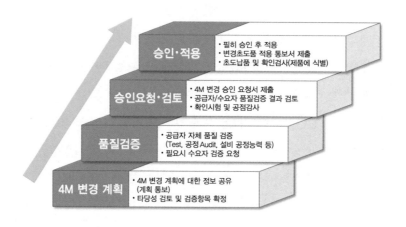

다음은 4M 변경절차에 대해 살펴보자.

첫째, 4M 변경 계획 단계이다. 변경 계획에 대한 정보 공유와 타당성 검토 및 검증항목이 확정되어야 한다. 변경 계획 시 관련 조직을 잘 찾아 필요한 조직에 공유해야 한다. 혹시 알아야 할 조직이 모르고 있다면 품질 사고가 발생될 가능성이 높기 때문이다. 검증항목 선정 시에도 담당에 따라 항목이 달라진다. 4M 변경으로 인한 품질사고는 너무 자주 발생되기 때문에 검증항목 선정이 가장 중요한 핵심일 수 있다. 즉, 모든 역량을 4M 변경으로 인한 영향도 평가에 집중해야 품질을 예방할 수 있다. 아무리 4M 변경 관리 프로세스가 잘 되어 있다 하더라도 검증항목을 놓치면 그 프로세스는 의미가 없어진다. 최대한 가장 전문가가 참여하기를 권장한다.

둘째, 품질검증 단계이다. 4M 변경 계획에서 확정된 검증항목을 토대로 품질 영향도를 평가해야 한다. 검증항목 선정과 더불어 검증방법과 결과 해석 및 평가도 매우 중요하다. 우선 공급사 또는 협력사에서 1차 자체 시험 및 검증을 통해 평가하고 사용자도 반드시 검증을 진행해야 한다. 왜냐하면 자체 시험 시 고객 또는 사용자 입장의 품질요소를 고려하지 않고 검증할 경우가 있기 때문이다.

셋째, 승인요청 및 검토 단계이다. 4M 변경 승인 요청서를 제출하고 검토를 통해 승인 절차를 거쳐야 한다. 검증 및 검토 보고서, 현장 공정감사 등을 통해 검토되어야 한다. 승인 요청서에 대한 완성도 및 누락 여부 등을 세부적으로 살펴볼 필요가 있다.

넷째, 승인 및 적용 단계이다. 반드시 4M 승인 후 적용해야 한다. 미승인 적용 시 관리상 혼선이 커질 수 있다. 변경 초품에 대한 성적서와 식별을 통해 구분하여 적용되어야 한다. 이를 통해 추적관리가 가능하도록 관리하는 것도 필수 사항이다.

자세한 사항에 대해 세부 프로세스로 부연 설명하고자 한다.

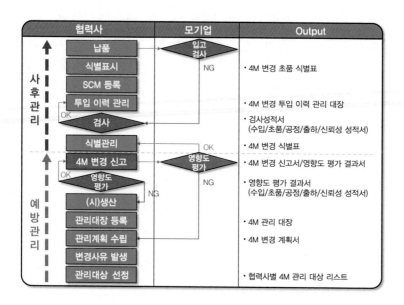

4M 변경점 관리는 예방관리와 사후관리 측면으로 나눠볼 수 있다. 4M 변경 신고는 사전에 품질 리스크를 제거하려는 목적이 크다고 볼 수 있다. 4M 변경 예방관리는 관리대상 선정, 변경사유 발생, 관리계획 수립, 관리대장 등록, 시생산, 영향도 평가, 4M 변경 신고, 영향도 평가 단계까지라고 볼 수 있다.

사후관리는 식별관리, 검사 반영, 투입이력관리, 식별표시, 납품까지의 단계라고 할 수 있다. 경험해 보면 '모든 품질문제의 70%는 4M 변경으로부터'라는 말을 실감할 것이다. 실제로 많은 회사들이 신고대상 여부와 영향도를 검토할 때 검토 항목 및 방법에 대한 어려움을 안고 있었다. 제조자 관점보다는 고객 관점에서 영향도를 평가하고 신고해야 하기 때문에 쉽게 판단하기는 힘들 것이다.

4M 변경점 신고 여부에 따라 향후 품질사고 발생 시 책임 여부

를 가리게 되고, 귀책 산정으로 인한 손실비용 청구가 이뤄지므로 신고하는 것이 중요하다.

:: 예방관리 단계

우선 예방관리 단계를 살펴보면 관리 대상을 선정하여 리스트로 관리하고 대상 중에 변경사유가 발생되면 4M 변경 계획서를 활용하여 관리계획을 수립한다.

다음으로 관리대장에 등록하고 시생산을 해본다. 만약 간단한 4M 변경일 경우는 시생산을 생략할 수 있다. 시생산된 제품에 대해 협력사 또는 제조사 관점에서 사전 품질에 대한 영향도를 검토하고 영향도 평가 결과서를 기록 관리한다. 영향도 평가결과서는 수입검사, 초품검사, 공정검사, 출하검사, 신뢰성 성적서 등이 있다.

자체 검토한 4M 변경 영향도 평가 결과서를 토대로 4M 변경 신고를 진행하면 모기업이나 고객사에서는 이를 토대로 고객 관점에서의 4M 변경 영향도를 추가로 검토하게 된다. 이때 제조자 관점 외에 고객 관점에서 영향도를 검토하는 것이 실패를 막는 길이다. 단품보다는 제품 상태에서의 영향도를 평가하기를 권장한다. 형합성, 성능, 내구성 등의 측면에서 세부적으로 검증되어야 한다. 영향도 평가 시에는 반드시 품질 전문가의 검토와 의견이 반영되어야 한다.

4M 변경은 프로세스보다 영향도 평가 역량이 더 중요한 사항이기 때문에 반드시 영향도 평가 시 신중하기를 바란다. 여기까지가 예방관리 단계이다.

:: 사후관리 단계

다음으로 사후관리 단계를 살펴보자. 4M 변경 신고가 끝나면 생산 시 식별관리 및 표시를 해야 한다. 이후 검사를 통해 제품에 투입이 되면 투입 이력관리를 해야 한다. 투입 이력관리는 혹시 4M 변경품에 품질사고 발생 시 추적을 통해 해당 로트의 제품을 조치하기 위한 사전 관리이다.

이렇게 까다로운 프로세스와 방법으로 4M 변경품을 관리하는 이유는 그만큼 영향도와 품질변동 가능성이 매우 크기 때문이다. 경험하지 못하면 그 중요성을 잘 알지 못한다. 대개 1년에 한두 번은 4M 변경 미신고 및 관리 실수로 큰 품질사고가 일어난다. 예방관리를 통해 실패비용의 규모를 줄여나가길 바란다.

경험상 4M 변경관리가 잘 안 되는 이유는 너무나 자주 발생되고 관리해야 할 항목이 많다 보니 유지관리의 어려움이 있기 때문이었다. 또한 4M에 대한 신고대상과 범위, 방법론에 대한 이해가 다소 부족하여 효율적으로 운영되지 못해 중간에 포기하는 경우도 많았다.

고객사 패널티

(1) Claim 100% 부담
(2) 신규개발 Project 참여 제한
(3) 발주율 조정 및 거래 중단
(4) 품질등급 평가
(5) 재발방지 대책보고

만약 4M 변경 미신고로 인해 품질사고가 발생했다고 가정하자. 물론 그 피해규모는 예측할 수 없다. 신뢰성 또는 내구성 측면에서 고장이 발생되거나 재산 및 인체상의 피해가 발생했을 때는 그 비용이 수십억에서 수백억에 이를 수도 있다.

서류상의 페널티는 발주율 조정 및 거래 중단, 신규 제품개발 참여 제한, 클레임 비용 100% 부담 등이 있다. 그러나 이러한 페널티는 어떻게 보면 아주 작은 것이라고 생각한다. 4M 변경은 우리가 상상할 수 없는 문제와 피해를 가져올 수 있기 때문이다.

그래서 4M 변경관리는 아무리 강조해도 지나치지 않다. 필자는 다른 것은 다 포기하더라도 4M 변경관리만이라도 제대로 했으면 한다.

공정능력

공정능력

관리상태에 있는 공정이 만들어 내는 품질향상 능력
-표준화된 공정에서 생산되는 제품이 나타내는 산포의 범위

공정능력 지수

제품의 변동(산포) 정도를 제품 규격(공차)과 비교하여 공정능력을 나타내는 지수

• Cp : Process capability , 제품의 분포중심과 규격중심이 일치하는 경우 사용
• Cpk : Process capability Index, 제품의 분포중심과 규격중심이
　　　일치하지 않을 경우 사용(치우침을 고려한 공정능력)

공정능력 활용

• 신제품 개발 시 공정을 설계할 때
• 신부품에 대한 공정을 승인할 때
• 신규 장비를 설치할 때
• 협력사를 선정할 때
• 공정의 안정성을 검증할 때
• 4M을 변경할 때

품질변동을 관리하는 방법 중 하나는 공정능력을 관리하는 것
이다.

제품을 만드는 공정에서도 품질 능력은 존재한다. 이를 바로 공
정능력이라고 한다. 공정능력은 표준화된 공정에서 생산되는 제품
이 나타내는 산포의 범위이다. 즉, 관리상태에 있는 공정이 만들어

내는 품질 능력이다.

필자도 공정능력을 경험하면서 그 목적이나 활용도보다는 과거의 방식, 고객의 요구사항, 심사 대응 등의 목적을 우선시했던 경우도 있었다. 그러나 공정능력 측정 항목의 적절성, 그리고 활용도 등에 관해 한 번 더 고민이 필요하다. 반드시 해야 하는 것은 맞지만 이때 꼭 필요한 항목이 필수적으로 실행되고 관리될 수 있게 운영해야 한다. 때로는 이러한 공정능력에 대한 운영의 묘도 회사마다 차이가 있다.

이러한 공정능력을 객관적으로 분석하고 평가할 수 있게 하기 위해 지수가 필요한데, 이것이 바로 공정능력 지수이다. 제품의 변동 정도를 제품의 규격과 비교하여 공정능력을 나타내는 지수를 말한다.

이러한 공정능력 지수를 표현하는 방식에는 Cp와 Cpk가 있다. Cp는 제품의 분포중심과 규격중심이 일치하는 경우에, Cpk는 제품의 분포중심과 규격중심이 일치하지 않을 때 사용한다. 즉, Cpk는 치우침을 고려한 공정능력이다.

과거에는 계산기로 공정능력을 계산한 경험이 있지만 지금은 미니탭 등 분석 툴이 많이 나와 있어 편하게 사용할 수 있다.

공정능력은 주로 신제품 개발 시, 4M 변경 시, 협력사 선정 시 등에 사용되면 유용하다. 보이지 않는 품질변동으로 인한 품질능력을 공정능력 평가 툴로 예방체제를 갖추어 향상하길 간절히 바란다.

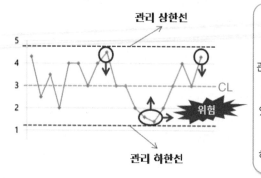

산포관리를 위해 보이지 않는 품질특성을 보이게 하는 예방기법

관리 상한선

관리 하한선

CL

위험

현재 기준은 합격이지만 향후 변동에 의해 관리한계선을 벗어나 불량·고장으로 나타날 가능성이 있는 것들에 대하여 관리상태를 계속 유지할 수 있도록 하는 예방관리 기법

공정능력을 평가하는 이유와 목적에 대한 이해가 필요하다.

공정능력 관리는 현재 기준에서는 합격이지만 향후 변동에 의한 관리 한계선을 벗어나 불량 및 고장이 발생될 가능성이 있기에 미리 조치하여 관리상태에서 계속 유지될 수 있도록 하기 위한 예방 관리 기법이다.

만약 품질관리 방법을 두 가지 측면에서 생각해 보자.

첫 번째는 측정된 데이터를 토대로 사양, 관리상한선, 관리하한선 등의 기준을 수립하여 단순히 합격, 불합격으로 품질관리를 하는 방법이다.

두 번째는 측정된 데이터의 각각의 분포를 보고 사양, 관리상한선, 관리하한선 등의 기준에 대한 합격, 불합격의 가능성을 평가하고 불합격이 발생되지 않도록 사전에 감지하여 품질관리를 하는 방법이다. 과연 어떤 방법이 더 효율적일까?

물론 첫 번째 품질관리 방법이 편하고 쉽다. 하지만 여기에는 품질 리스크가 따른다. 왜냐하면 사양이나 관리기준에는 합격이지만 관리선 근처에 있는 품질 특성값들이 외부 환경이나 4M 변경에 의해 범위를 벗어날 가능성이 크기 때문이다. 그림에서와 같이 관리상한선, 관리하한선 근처의 특성값들은 불량 발생확률이 높고 위험하다고 볼 수 있다. 그래서 이러한 특성값들이 중심에 최대한 분포될 수 있도록 조치하고 예방관리하는 것이 바로 공정능력 관리이다.

공정능력을 관리하기 위해서 반드시 이를 측정하여 품질의 움직임이 눈에 보이게 해야 한다. 눈에 보이지 않는 품질의 움직임을 찾아내고 보이게 하는 방법을 찾는 것이 더 중요할 수도 있다. 시간과 비용, 그리고 노력을 투자해 공정능력 관리를 하려면 충분한 목적이 있어야 한다. 필요성을 인식해야 유지관리가 가능하기 때문이다. 단지 품질시스템을 유지하기 위해, 혹은 누구에게 보여주기 위해서 공정능력 관리를 한다면 다시 생각해 봐야 한다.

공정능력 판정

구분	공정능력지수	관리기준
공정능력 관리기준	Cpk ≥ 1.67	• 공정능력은 매우 충분 • 유지관리, 무검사
	1.67 > Cpk ≥ 1.33	• 공정능력이 충분 • 유지관리
	1.33 > Cpk ≥ 1.00	• 공정능력이 있다 • 공정개선계획수립
	1.00 > Cpk ≥ 0.67	• 공정능력이 부족하다 • 공정능력개선, 까다로운검사
	0.67 > Cpk ≥ 0.33	• 공정능력이 없다 • 공정능력개선, 전수검사

공정능력을 평가하는 기준이 있다. 공정능력 지수의 판정구간은 0.33, 0.67, 1.00, 1.33, 1.67로 구분되어 있다. 여러분들은 회사의 수준과 목표를 어느 지수에 맞출 것인가? 회사마다 다르지만 경험상 1.33 이상부터 품질이 안정되어 있다고 평가할 수 있다. 하지만 공정능력 지수를 절대적으로 반영하기보다는 제품 또는 부품의 특성에 따라 설정하는 것도 필요하다. 예를 들어 안전과 생명에 관련된 사항, 치명적인 요구특성 등에 대해서는 높은 수준의 공정능력 지수를, 그렇지 않은 단순 특성, 제품에 영향이 적은 특성 등에 대해서는 중간 수준의 공정능력 지수를 반영하는 것도 효율성 측면에서 검토가 필요하다. 때로는 공정능력 지수가 필요 없을 때도 관리하는 경우가 있었다.

공정능력 지수를 관리하는 데는 노하우도 필요하다. 단발성 관리보다는 연속성 관리, 보이지 않는 관리보다는 보이는 관리, 참고용 관리보다는 검사 시 합부 판정에 반영되는 관리, 사후 단계보다는 사전 예방 단계 또는 설계 단계에서 선행 반영하는 관리 등이 더 효과적이다.

품질시스템 평가 시에도 공정능력 지수 관리 유무만을 보는 것보다 가치창출의 유효성도 같이 평가해주면 좋을 듯싶다.

CTQ

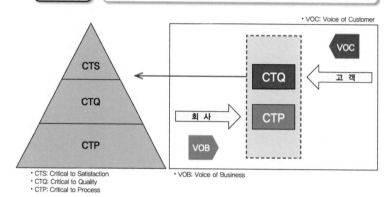

품질에는 관리해야 할 항목들이 여러 가지다. 그렇다고 모든 것을 100% 집중 관리하는 데는 한계가 있을 것이다. 그래서 중요 항목을 선정하여 집중 관리하는 것이 필요하다. 그러한 항목들을 CTQ라고 표현한다. CTQ는 Critical to Quality의 약자이다. 고객 입장에서 품질 및 신뢰성에 큰 영향을 미치는 요소이거나 제품, 부품, 공정에서 Critical Point(특성치 등)를 가지는 항목을 의미한다.

고객 입장과 회사 입장에서 필요한 것과 중요한 것에는 차이가 있을 수 있다. 대부분 회사는 회사 입장에서 중요하다고 생각하는 것을 집중 관리할 가능성이 높다. 그러나 이럴 경우 고객 입장에서 중요한 것과 다를 경우 고객불만과 클레임으로 이어질 수 있다. 그래서 회사와 고객 입장에서 중요한 요소를 정리하고 관리할 필요성이 있다.

클레임은 대부분 CTQ 항목에서 발생되는 경우가 많다. 때로는 CTQ 항목을 잘못 선정하여 운영하는 경우도 있을 것이다. 중요하지 않은 품질요소를 집중 관리할 경우 업무 손실 및 효과성 하락이 발생한다. CTQ는 초기 설계 단계에서부터 예측·정의되어야 하고 신제품 개발 단계에서부터 항목선정과 관리계획을 수립하여 초도 양산 전에 CTQ 항목에 대한 특성치 관리 및 움직임을 포착하여 양산 단계에서는 품질 특성치가 안정화되어야 한다. 경험상 신제품 개발 단계에서 CTQ에 대한 정의와 특성치 변동을 관리하지 않으면 양산 단계에서 꼭 품질사고를 일으킨다. 이렇듯 개발 단계에서는 발생되지 않은 품질사고가 양산 단계에서 발생되면 왜 양산 단계에서야 사고가 발생하는지 서로 반문하곤 한다. 그 답은 개발 단계에서 CTQ에 대한 변동관리가 되지 않았기 때문이다.

원인 분석과 대책 수립 시 사람에 따라 접근법과 해결방법, 대안의 범위가 각각 다르다. 어떤 방법과 범위로 원인분석과 대책을 세우냐에 따라 효과성은 천차만별이다. CTQ 정의와 활용을 통해 품질관리의 수준 향상을 이룰 수 있기를 기대해 본다.

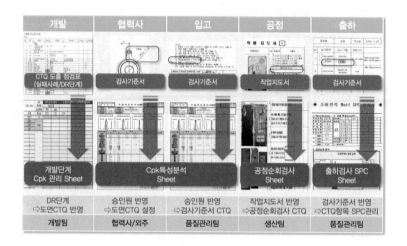

개발	협력사	입고	공정	출하
CTQ 도출 점검표 (실패사례/DR단계)	검사기준서	검사기준서	작업지도서	검사기준서
개발단계 Cpk 관리 Sheet	Cpk특성분석 Sheet	Cpk특성분석 Sheet	공정순회검사 Sheet	출하검사 SPC Sheet
DR단계 ⇨도면CTQ 반영	승인원 반영 ⇨도면CTQ 설정	승인원 반영 ⇨검사기준서 CTQ	작업지도서 반영 ⇨공정순회검사 CTQ	검사기준서 반영 ⇨CTQ항목 SPC관리
개발팀	협력사/외주	품질관리팀	생산팀	품질관리팀

CTQ라는 용어는 많이 사용되고 활용되고 있다. 하지만 CTQ에 대한 활용 및 관리 방법 측면에서는 최적화가 필요해 보인다.

CTQ는 고객의 요구사항과 중요 품질항목 관리를 위한 목적으로 사용되지만 항목 선정과 관리 방식에 대한 고민이 필요하다. CTQ로 정의하여 집중 관리하는 것도 중요하지만 선정된 항목이 품질 프로세스상에서 어떻게 연계·관리되는지가 중요하다. 품질에 대한 전체 흐름을 이해하고 그 흐름상에서 CTQ를 예방관리할 수 있는 개념설계가 우선 필요하다.

위 그림과 같은 품질 프로세스 관점에서 CTQ 예방관리 개념설계를 할 것을 추천한다.

그림을 살펴보면 우선 설계 단계에서 설계자가 고객의 요구사항에 대한 사전 조사 또는 기존 정보를 설계에 반영한다. 도면에 CTQ가 표기되고 반영되어야 한다. 물론 CTQ는 QFD나 FMEA를 통해 선정할 수 있지만 회사의 규모나 조직 역량에 따라 도면 분석 회의, 실패사례 분석, 고객조사, 현장 내부직원 VOC 등을 통해 도출하는 방법도 있다. 사실 중소기업에서는 QFD나 FMEA를 통해 CTQ를 선정하는 프로세스 구축은 현실적으로 쉽지 않을 것이다. 교육을 통해 실제 실행하기도 쉽지 않다.

하지만 그렇다고 CTQ를 무시할 수도 없다. 왜냐하면 CTQ는 중요하고, 복잡하며, 어렵고, 살아 숨 쉬는 변동요소가 다른 항목보다 많은 품목이기 때문이다. 그래서 이러한 CTQ도 반드시 눈에 보이게 하는 것이 중요하다.

이렇게 설계에 반영된 CTQ를 협력사 단계부터 제조 단계까지 집중적으로 예방관리해야 한다. 협력사에서는 제조 시 놓치게 되면 뒤로 갈수록 영향도가 커진다. 협력사에서 CTQ에 대한 관리 및 예방계획을 세우고 입고검사, 공정검사, 출하검사를 거치면서 보증되어야 한다. 물론 단순히 협력사에게만 믿고 맡길 수는 없는 일이다. 협력사는 고객요구사항과 CTQ에 대한 세부 영향도와 관리 요소들에 대한 정보가 많이 부족한 게 사실이다. 기업 정보나 기밀을 제외하고는 실제 모기업 설계자나 품질담당자들이 이에 대한 관리계획 수립 및 실행시 지도 및 점검을 해 줄 필요가 있다. 그래야 CTQ 관리에 대한 완성도가 높아진다. 즉, 검사 및 관리 기준서에 관리 기준이 기록되어야 하고 특성값들이 최대한 눈에 보여야 한다. 물론 서류상에만이 아니라 작업 현장에서도 CTQ 포인트가 쉽게 눈에 보이는 것이 좋다.

혹시 협력사에서 이러한 CTQ에 대한 허위 또는 형식적인 관리를 한다면 언젠가는 꼭 심각한 영향을 받을 수 있기 때문에 모기업 또는 고객을 위한 것이기보다 협력사 스스로를 위해 반드시 충실해야 한다. 경험상 그렇지 않은 협력사들의 손실과 피해를 보면서 그 중요성을 다시 한 번 인식했다.

협력사에서 만들어진 부품들에 대한 CTQ 포인트에 대한 검사 및 검증을 모기업 또는 고객사에서는 부품 입고 시 추가로 해야 한다. 물론 협력사의 품질관리 수준이 우수하여 무검사를 통해 입고시킬 수 있지만 그 리스크는 크다고 볼 수 있다. 물론 협력사에서는 최선을 다해 관리를 했겠지만 실수 때문에, 혹은 몰라서 못하는 경우도 발생한다. 최소한의 스크리닝 검사와 검증은 필요해 보인다. 그 효율적인 방법은 여러분들의 상황에 맞춰 협의를 통해 결정하는 것을 권장한다.

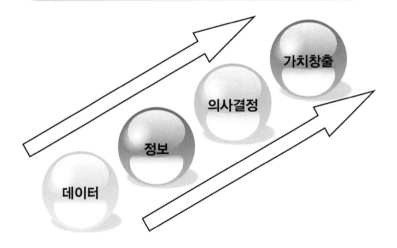

데이터

정확한 데이터→신속한 정보→의사결정 지원→가치 창출

가치창출

의사결정

정보

데이터

품질은 데이터가 생명이라는 말이 있다. 데이터는 잘만 활용하면 그 자체로 막강한 힘을 가지고 있다. 물론 정확한 분석과 해석이 뒷받침되어야 한다.

지금까지 경험해 본 결과 품질은 데이터를 빼고는 풀어 갈 수 없는 듯하다. 데이터를 통해 현상을 파악하고 원인 분석과 대책 수립이 가능하다. 만약 데이터가 없을 경우 원인과 방향성을 찾기 힘들 것이다. 데이터는 측정이 가능해야 만들 수 있다. 물론 측정이 불가하더라도 만들 수는 있지만 명확하지는 않을 수 있다. 품질 업무를 원활히 하기 위해서는 최대한 데이터를 만들 수 있어야 한다. 대부분 품질 업무를 하면서 수많은 데이터를 수집하고 분석하고 있을 것이다.

하지만 현재 가지고 있는 데이터의 가치를 한 번 다시 생각해 볼 필요가 있다. 데이터는 목적이 있어야 한다. 물론 단순 기록의 목적이 있기도 하지만 이는 근본 목적은 아닌 듯하다. 데이터는 수집·보관만 하고 있다면 쓰레기와 같다는 표현도 한다. 데이터의 목적은 수집을 통해 가공하고 분석하여 필요한 정보를 얻고 이를 의사결정에 활용하고자 하는 데 있을 것이다.

이런 관점에서 과연 여러분들의 데이터 활용도는 어느 정도인가? 경험상 똑같은 데이터를 놓고도 해석하는 사람에 따라 방향성과 결과값에는 큰 차이가 생긴다. 결국 데이터 해석 역량이 핵심이다. 품질을 개선할 때도 데이터를 기초로 하면 가능성을 압축하여 빠르고 정확한 개선을 할 수 있다. 실적이 좋은 기업은 데이터를 정보화하여 경영에 적극 활용하고 있다. 정확한 데이터로 신속한 정보를 얻고 의사결정을 지원하여 가치를 창출하는 것이 데이터의 목적이기도 하다. 여러분들도 데이터를 수집·보관하는 데 그치지 않고 데이터를 활용하여 가공·분석하여 업무 방향성과 의사에 대한 결정을 지원할 수 있기를 바란다. 데이터의 가치를 꼭 경험해보시길 기대한다.

Quality

사용환경

축적된 환경정보를 관련 팀에 공유 → 의사결정 솔루션 제공

고객 니즈

온도/습도

해외
영업/법인

품질

사용환경 Map

사용환경 검증
품질변동 관리

사용환경 공유
고객 니즈 조사

수질/수압

전압/전류

설계

설계 표준 정립
사용환경 반영

사용환경의 중요성은 아무리 강조해도 지나치지 않다. 그 중요성
은 실패를 경험하지 않으면 알기 힘들다. 사용환경은 국가별, 지역
별로 모두 다르다. 특히 해외로 수출할 경우 사용환경의 중요성은
더욱 크다.

때로는 국내에서도 계절에 따라 온도, 습도 등이 변하고 설치장
소에 따라 환경 요소가 바뀌기도 한다. 하지만 국내에서는 수많은

시행착오를 겪으며 그에 관한 정보를 통해 품질문제를 개선하고 예방하고 있을 것이다.

하지만 해외의 경우 국내처럼 하기가 어렵다. 필자도 국내 제품을 해외에 수출하면서 사용환경과 고객요구사항의 차이로 품질실패를 경험했다. 국내 사양으로 모든 신뢰성 시험과 품질검증을 통과한 제품들이다. 국내에서는 5~10년 사용해도 문제가 없지만 해외 특정 국가에 수출을 하게 되면 고객이 인수받을 때, 또는 설치하자마자, 또는 사용 초기부터 문제가 발생되는 되는 경우가 있을 것이다. 모두 사용환경의 차이 때문이다.

이러한 사용환경은 회사차원에서 조사하고 취합 및 관리되어야 한다. 이러한 사용환경 정보는 해외 법인이나 바이어를 통해 해외 영업 과정에서 수집해주면 좋다. 만약 바이어나 법인에서 구할 수 없다면 인터넷 조사나 실제 현지조사를 시행해야 한다.

사용환경 정보가 취합되면 해외 수출할 제품을 설계할 때 반드시 규격이 만족하도록 반영해야 한다. 즉, 설계 업무 프로세스에 사용환경 반영 프로세스가 있어야 하고 반영 여부를 점검하는 게이트 운영도 필요하다는 의미다.

품질부서에서는 사용환경 정보를 반영한 시험 및 검증을 진행해야 한다. 때로는 검사에도 반영하여 관리할 수 있는 방법을 찾아 보증해야 한다.

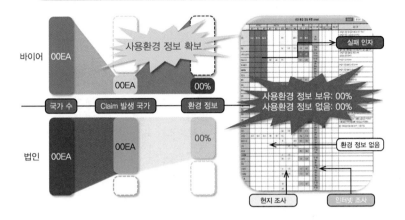

사용환경 정보를 활용하기 위해서는 현 수준에 대한 종합적인 정리와 관리가 필요하다.

바이어 및 법인에 해당하는 국가를 기준으로 그 국가에 맞는 사용환경 정보를 어느 정도 확보하고 있는지 파악하고 정리할 필요가 있다. 국가별 실패사례 분석을 통해 실패인자를 정리하고 사용환경 정보가 없는 국가에 대해서는 앞에서 언급한 현지 출장 조사나 인터넷 조사 등을 통해 자료를 채워 나가야 실패를 예방할 수 있다.

해외 수출품에서 문제가 발생하면 처리비용이 국내 비용의 몇 배가 더 든다. 물류비용, 재작업비용, 고객 클레임비용 등을 포함한 비용에서 손실이 발생하는 것이다.

사용환경의 차이에 대한 몇 가지 사례를 살펴보자.

제품을 개발하거나 신뢰성 검증 시 참고해야 할 사용환경 중 하나의 사례는 물의 끓는 점 차이이다. 만약 한국에서는 물이 100도에서 끓는다면 고도가 상대적으로 높은 멕시코나 이란에서는 약 95℃ 대에서 물이 끓기 때문에 제품 사양을 국내에 맞춰 수출하면 안 된다. 그런 제품에서 온수를 사용할 경우 물이 끓어 넘치거나 제품이 변형되는 실패사례가 발생할 것이다.

또 하나의 사용환경의 사례는 몸무게의 차이이다. 한국에서는 잘 사용하던 제품을 호주에 수출할 경우 부러지는 경우가 발생할 수 있다. 이는 한국과 호주 사람들의 몸무게 차이로 인한 결과이다. 100kg가 넘어가는 고객에게서 주로 발생할 것이다.

이럴 경우 100kg 이상의 하중이 스트레스로 작용하여 제품이 부러지는 경우가 발생할 수 있다. 즉, 이를 반영하여 설계하고 신뢰성 시험법도 이에 맞게 제·개정해야 한다. 그래야 예방할 수 있을 것이다. 만약 이러한 사용환경 정보를 모를 경우 신뢰성 문제가 발생할 수 있다. 바로 고객불만으로 다가올 것이다.

마지막 사례는 수압이다. 어떤 제품을 수출할 때 역시나 한국과 수압이 다르기 때문에 국가별 수압 분포를 알아야 제품을 설계하고 품질사고를 예방할 수 있다. 참고로 수압은 낮과 밤이 다르다. 그래서 이런 부분까지 고려하기가 쉽지만은 않을 것이다. 만약 사용환경 조사를 낮에 했다고 가정하고 이를 설계에 반영하여 신뢰성 검증을 했다면 밤에 4배 이상으로 증가한 수압을 견딜 수 없을 것이다. 해당 제품이나 부품은 파손되어 침수사고가 발생할 것이고 이는 PL로 이어질 가능성이 매우 크다. 그래서 필자가 서두에 품질의 정체성에서 "품질을 아는 것과 모르는 것은 천지 차이다"라고 한 것이다.

그래서 설계나 신뢰성 검증 시 그림과 같이 국가별 다양한 사용환경에 대한 조사와 DB 구축을 할 필요가 있다. 사전에 예방을 전개해야 실패비용을 최소화하고 고객을 만족시킬 수 있다.

온도, 습도, 고도, 몸무게, 수압, 전기사양, 소비자 패턴 등 제품에 필요한 사용환경 정보의 중요성을 다시 한 번 강조하고 싶다.

신뢰성

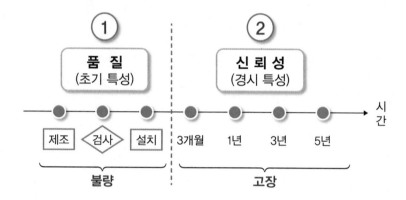

품질은 크게 초기 품질과 신뢰성 품질로 구분할 수 있다. 반드시 그렇지는 않지만 주로 초기 품질은 품질관리 측면에서 많이 접근한다. 초기 품질이 안정되면 다음은 신뢰성 품질이 나타날 것이다. 때로는 초기 품질과 신뢰성 품질을 구분하기 힘든 경우도 있다.

그림에서 1구간은 주로 품질관리 업무, 2구간은 주로 신뢰성 업무라고 봐야 할 것이다.

공장 내 생산 또는 검사 시, 또는 초기 설치 시나 사용 초기에 발생하는 것은 주로 초기 품질특성에 문제가 있을 가능성이 크다.

이는 품질관리 측면에서 대응하고 관리한다. 하지만 설치 초기에는 문제가 없었지만 일정 시간이 경과하면서 문제가 나타나는 경우는 대부분 신뢰성 품질의 문제이다.

그러면 이러한 신뢰성 품질은 어떻게 예방하고 보증할 수 있을까? 신뢰성에 대한 이해가 있어야 신뢰성 보증에 대한 개념 설계가 가능할 것이다. 품질관리에 대해서는 여러 가지 교육과 경험을 통해 파악했을 것으로 판단된다. 하지만 신뢰성은 다소 생소한 개념이며 경험자가 많지는 않을 것이다. 그러면 신뢰성에 관한 이론과 실제 경험을 통해 기업에 도움이 될 수 있는 방향성과 목적에 대해 살펴보자.

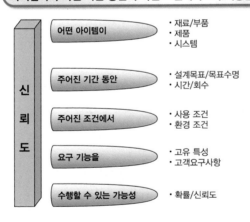

신뢰성은 어떤 아이템이 주어진 기간 동안에 주어진 조건에서 요구기능을 수행할 수 있는 가능성을 말한다.

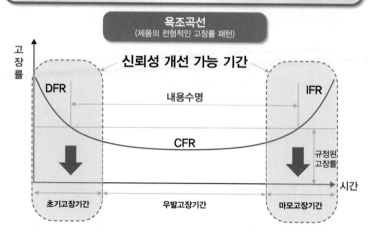

신뢰성 시험 예측·예방을 통해 초기고장+마모고장 집중 개선

욕조곡선
(제품의 전형적인 고장률 패턴)

고장률

신뢰성 개선 가능 기간

DFR

내용수명

CFR

IFR

규정된 고장률

초기고장기간

우발고장기간

마모고장기간

시간

신뢰성 품질은 주로 욕조 곡선의 형태를 보인다.

그림에서와 같이 초기고장기간에서는 예측하지 못한 신뢰성 문제가 사용 초기에 동시 다발적으로 발생될 수 있으나 이는 대부분 긴급 개선 활동을 통해 감소시킬 수 있다.

그러한 개선 활동으로 일정 기간은 일상적인 고장이 발생되어 다소 안정적인 모습을 보이는데 이를 우발고장기간이라고 한다. 우발고장기간이 지나고 사용기간이 경과되면서 열화나 마모 등으로 마모고장이 급증하는데 이를 마모고장기간이라고 한다.

이러한 고장구간에서 일어나는 주된 신뢰성 업무는 초기고장기간과 마모고장기간을 집중하여 개선하는 것이다. 그래야 효과가 크기 때문이다. 물론 가장 좋은 방법은 사전에 검출하여 예방하는 것이다.

그러한 이유로 신뢰성이 매우 중요하다. 제품이나 부품의 신뢰성에 관한 문제로 인한 고객불만이나 품질실패비용의 크기는 상상을 초월하곤 한다. 이미 판매된 지 수년이 지난 후 신뢰성 문제가 나타나는 경우가 많기 때문에 기간과 수량을 감안하면 조치 대상이 기하급수적으로 커지기 때문이다. 비용 측면, 인력 측면, 고객불만 측면에서 품질문제로 인한 단순 불량과는 많은 차이가 있다. 초기 개발 단계에서 신뢰성을 보증하는 업무가 반드시 필요한 이유다.

신뢰성 업무를 위해 필요한 정보와 요건들이 많다. 예를 들어 고객요구사항, 사용환경 조사, 설치조건, 신뢰성 시험법, 시험장비 구축, 신뢰성 시험 평가, 신뢰성 시험실 구축, 시험실관리 및 운영, 고장분석, 신뢰성전문가 육성 등이 있다.

또한 신뢰성 업무를 위해서는 많은 비용과 공간이 필요하다. 그래서 중견기업 이하에서는 쉽게 투자하기가 어렵다. 신뢰성 전문가도 주변에서 만나기 쉽지 않다. 신뢰성 업무에 대한 필요성을 간절히 느끼는 사람도 많지 않을 것이다. 주로 대기업 위주의 신뢰성 업무가 진행되고 있는 것이 현실이다.

특히 신뢰성에 영향을 미치는 인자들 중에 우리가 모르는 인자들이 많이 존재한다. 그러한 인자를 미리 예측하고 시험법에 반영하는 것이 신뢰성 전문가이다. 신뢰성은 화학, 물리, 환경, 재료, 소재, 열 등 다양한 인자들에 의해 영향을 받기 때문에 이에 대한 전문성도 있어야 한다.

만약 중소기업일 경우 신뢰성 업무에 대해 전체적으로는 진행할 수는 없더라도 기본적인 시험은 자체적으로 할 수 있도록 준비가 필요하다. 고가의 장비나 공간, 그리고 시간이 필요할 경우에는 외부 아웃소싱을 통해서라도 주기적으로 평가하는 것을 권장하고 싶다.

초기 품질, 즉 품질관리 차원의 초기 특성은 주로 눈에 보이는 경우가 많지만 신뢰성 품질 차원의 경시 특성은 눈에 잘 보이지 않는다. 그래서 고객이 사용하면서 시장에서는 발생되는 고장을 사전에 예측하여 예방하기 위해서는 사전에 신뢰성 시험을 통해 반드시 예방하여야 한다. 물론 그 예방이 쉽지만은 않다.

눈에 잘 보이지 않는 신뢰성 품질을 눈에 잘 보이게 하려면 앞에서 언급한 필요한 정보와 요건들을 갖춰야 한다. 필자는 어떤 회사에서는 신뢰성 업무를 연구 또는 수명 추정의 목적으로 운영하는 경우를 봤다. 그러한 목적이라면 신뢰성 시험은 주로 몇 개월에서 몇 년이 걸리는 경우도 있어 실제 개발되는 제품에 적용하기에는 한계가 있다. 왜냐하면 제품 전체 개발기간이 6개월에서 1년 이내인 경우도 많기 때문에 신뢰성 품질을 개발기간 내에 검증하고 예방하여 반영하기는 힘들기 때문이다.

그래서 가속계수 개발이 필요한데 이 또한 오랜 시험결과와 필드 값을 매칭하여 찾아야 하기 때문에 어려울뿐더러 가속계수가 실제 필드 상황과 맞지 않은 경우가 있어 절대적인 의사결정의 기준이 되기는 힘든 경우도 있다.

오히려 가장 현실적이고 정확한 방법은 필드 정보를 참조로 사용환경 조사를 통해 시험조건을 구간별로 배치하는 것이었다. 악조건에서의 발생 가능성을 시험법에 반영하여 검증하는 것이 문제 예방에 있어 기업 입장에서는 더 현실적인 방안이 되는 경우가 많았다.

즉, 우선 필드에 출시했을 때 신뢰성에 문제가 없도록 검출하고 예방하는 목적의 신뢰성 시험을 진행하며 이와 연계하여 수명예측 관련 시험을 했으면 한다.

어떻게 해석해 보면 같을 수 있지만 기업을 운영하는 입장에서는 방법과 목적 측면에서 차이가 커 보인다. 신뢰성을 어떻게 활용할 것인가? 기업에 따라 다르게 운영되리라 본다.

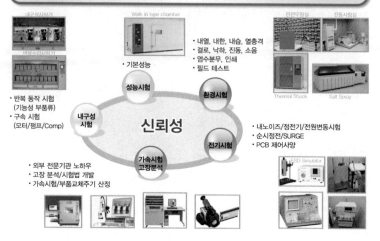

개발(신제품) 또는 양산 제품·부품의 신뢰성 시험
고장부품에 대한 고장 메커니즘 분석 및 가속 테스트를 통한 부품 수명 산정

이제는 신뢰성 시험의 종류에 대해서 간단히 살펴보자. 이론적인 신뢰성 시험에 대한 구분은 생략하고 실제 현업에서 진행하고 있는 신뢰성 시험을 사례로 설명하고자 한다.

신뢰성 시험은 크게 개발(신제품) 신뢰성과 양산 신뢰성으로 구분될 수 있다.

개발 신뢰성은 주로 신제품 개발 시 진행되는 신뢰성 시험으로 제품이 출시되기 전에 신부품 및 신기능에 대한 신뢰성 시험을 진행하게 된다. 특히 신부품에 대한 신뢰성 시험은 100% 진행되어야 한다. 만약 하나의 신부품이라도 신뢰성 시험을 누락한다면 리스크는 커진다. 신부품은 누구도 경험해보지 못한 품질특성과 사용환경을 가지고 있기 때문에 품질 이슈 발생가능성이 매우 높다. 또한 고객의 요구사항에 대한 정보도 없다. 개발 신뢰성 시험은 다시 신부품(신기능) 신뢰성 시험과 제품 신뢰성 시험으로 구분할 수 있다.

신뢰성 시험의 종류에는 여러 가지가 있지만 대표적인 예만 소개하자면 내구성시험, 성능시험, 환경시험, 전기시험, 가속시험, 고장분석 등을 들 수 있다. 물론 인정시험, 스크리닝 시험, 수명시험 등 목적에 따라 구분할 수도 있다. 그러나 여기서는 실제적으로 제품의 특성과 관련된 시험에 대해 알아보자.

우선 내구성시험은 주로 신부품과 신기능 시험에 많이 활용된다. 사용환경 조사를 통해 파악한 고객의 사용패턴과 요구사항을 반영하고 사전에 시험계획을 통해 시료 수와 합격기준 등을 수립한 뒤 반복시험을 하여 마모 및 열화 등의 고장을 도출하는 시험이다. 어떻게 보면 가장 도움이 되는 시험이기도 하다. 하지만 시험조건이 잘못 설정되면 엉뚱한 결과가 나온다. 경험상 누가 시험계획을 하느냐에 따라 시험결과는 천지 차이다. 여기서 꼭 알아야 할 사항은 고객의 사용조건과 사용환경, 그리고 품질에 영향을 줄 수 있는 인자들이다. 그래서 경험이 풍부하고 품질 영향도를 예측할 수 있는 신뢰성 전문가가 필요하다. 가장 중요한 조건이기도 하다.

물론 이 내구성시험을 통해 수명을 예측하고 가속계수를 구할 수도 있다. 하지만 필자는 이러한 것보다 필드에 설치됐을 때 문제가 되는지가 더 궁금하다.

혹여 너무 과한 시험조건으로 시험을 하게 되면 오판을 할 수 있다는 점을 명심하기 바란다. 신뢰성 이론과 수명 추정 등으로 판정하고 의사결정을 하는 것은 다소 오판의 가능성이 높아 보여 다시 한 번 유념하길 바란다. 필자는 필드 사용환경 조건으로 실장시험을 통해 검출하고 검증하는 것을 더 선호한다.

성능시험은 제품 또는 부품마다 다른 성능을 가지고 있기 때문에 각 항목별 성능에 대한 품질특성을 측정하고 변동을 찾아 사용 조건별 특성치에 대한 검증을 하는 시험이다. 냉장고는 냉각성능, 세탁기는 세탁성능, 에어컨은 냉방성능, 선풍기는 바람성능 등이 성능시험이라고 할 수 있다.

성능시험 시 꼭 염두에 둬야 할 점은 고객의 요구사항과 제조사의 스펙과의 일치성이다. 이것을 꼭 확인해야 한다. 경험에 의하면 주로 제조자 관점의 판정기준을 가지고 시험을 평가하는 경우가 많다. 쉽지는 않겠지만 최대한 고객의 기대사항과 눈높이 맞추기를 권장한다.

환경시험은 고객이 사용하는 환경 또는 계절 변화, 물류, 수출 등을 고려하여 진행해야 한다. 각기 온도와 습도 등이 모두 다르기 때문이다.

내열, 내한, 내습, 열충격, 낙하, 진동 시험 등이 있다. 예를 들어 제품을 개발하여 출시하는 계절이 여름인데 겨울철 환경시험을 해야 하는 경우 시험 장비를 통해 겨울철에 맞는 조건시험을 시행하여 발생가능한 문제점을 찾고 개선하는 시험이다. 여기에는 염분으로 인한 고장을 평가하기 위한 염수분무 시험도 포함된다.

출시 전에 실제 고객이 사용하는 환경조건에서 고객이 사용해 보면서 문제점을 찾고 개선하는 필드 테스트도 있다.

전기시험은 전기와 전자에 관련된 시험으로 내노이즈, 정전기, 전압변동, 순시정전, 써지, PCB 제어사양 시험 등이 있다. 이러한 전기시험은 주로 상한치와 하한치 조건 등 구간별 시험을 진행한다.

가속시험은 앞에서 언급했지만 주어진 시간은 짧고 시험검증 시간이 길 때 사용하는 시험이다. 즉, 조건에 대한 가속을 통해 시간을 단축하여 일정시간에 마치는 검증시험이다. 가속시험에서 필요한 것은 가속계수이다. 이는 이론을 통한 추정치와 시험을 통한 상관분석, 필드 데이터 분석 등을 통해 구할 수 있다. 가속계수에 대한 검증은 될 수 있으면 필드값과 매칭을 통해 최적화할 필요가 있다. 기업 입장에서는 일정이 중요하기 때문에 가속시험이 자주 해법으로 제시되고 활용되고 있다.

고장분석은 주로 시험 후 또는 필드에서 고장이 발생한 경우에 활용된다. 개발 시 시험을 통한 고장을 분석하여 개선에 활용하는 것과 출시 후 고장품에 대한 고장분석을 통해 개선에 반영하는 것 중 어떤 쪽을 택할 것인가? 고장분석을 하려면 고가의 장비와 고장을 해석할 수 있는 전문가가 필요하다. 고장분석은 분야도 다양해서 모든 분야의 전문가를 고용하는 것도 현실적으로 쉽지 않다. 국내 또는 해외 전문기관들과 아웃소싱 또는 협업체계를 통해 운영하는 것이 효율적이다.

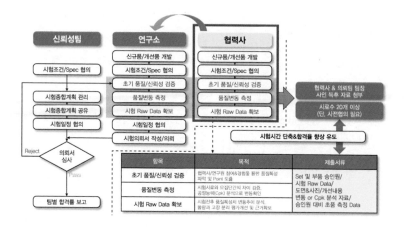

그러면 신뢰성 시험은 어떤 절차와 방법으로 진행되는지에 대해 구체적으로 살펴보자. 물론 신뢰성 업무는 조직의 구성에 따라 프로세스와 방법을 다르게 운영할 수 있다.

조직의 소속을 무시하고 신뢰성 업무 절차에 대해 알아보고자 한다.

우선 신뢰성 시험을 필요로 하는 부품이나 시스템, 제품을 개발하는 조직에서는 사전 신뢰성 시험에 대한 검토가 필요하다. 협력사에서 부품을 개발하여 납품을 하고자 하는 경우라면 협력사에서 자체적으로 신뢰성을 검토하여 제출하는 것이 좋다. 물론 협력사 단독으로 진행하기보다는 모기업의 연구소와 같이 진행하는 것을 추천한다. 왜냐하면 제품과 매칭은 물론 고객요구사항과 사용환경에 대한 정보를 반영해야 하기 때문이다. 협력사와 연구소는 시험조건과 스펙에 대해 협의하고 초기 품질 측정 및 신뢰성 검증을 진행한다. 신뢰성 검증 시 반드시 품질변동을 측정해야 하며 시험 순수 데이터(Raw data)를 확보하여야 한다. 사전 신뢰성 시험 시 시료수, 신뢰성 시험, 평가 자료에 대한 사전 검증과 협의가 필요하다.

가장 이상적인 모습은 협력사에서 자체 신뢰성 시험 및 평가 자료를 연구소에 제출하고, 연구소는 신뢰성 시험의 평가 결과에 대해 검토하여 신뢰성 시험을 신뢰성 조직에 의뢰하는 절차를 거치는 것이다. 사전에 신뢰성 시험을 진행하는 이유는 신뢰성 조직에서 정식 평가 후 불합격 발생을 예방하여 시행착오를 줄이고 설계 조직에서 사전 신뢰성 및 품질에 대한 검토를 진행하면서 설계 보완을 진행할 수 있기 때문이다. 필자의 경험으로는 여러 차례 시험 평가 시 불합격으로 인한 개발기간 지연 및 지속적인 업무 로스가 발생됐다.

가장 좋은 사례는 신뢰성 사전 시험 시 신뢰성 조직과 사전 협의를 통해 진행하는 것이다. 물론 이렇게 하게 되면 이중 업무가 발생하기는 하지만 전체적인 효율성 측면에서는 필요한 과정으로 보인다.

이어서 연구소에서는 신뢰성 팀과 시험일정을 협의하고 시험의 뢰서를 작성하여 의뢰한다. 시험의뢰 시 사전에 승인원, 시험결과서, 시험 기초자료, 품질변동 자료, 초품 측정 자료 등을 첨부하여 제출하면 좋다.

신뢰성 팀에서는 시험조건과 판정에 대해 연구소와 협의하고 시험 종합계획 관리를 실시한다. 시험 종합계획을 공유하고 최종적으로 시험일정을 협의한다. 시험의뢰서에 대한 심사를 거쳐 시험계획과 시험 및 평가를 통해 신뢰성 시험을 진행한다.

사실 신뢰성 시험을 진행하다 보면 의뢰팀별로 시험 합격률 차이가 난다. 앞에서도 언급했듯이 사전에 자체 검토를 진행한 팀이 합격률이 대체로 높았다. 즉, 이들은 사전 검토를 통해 부적합 요소를 개선하고 발생 가능한 인자를 제거했기 때문에 합격률이 높아진 것이다.

만약 신뢰성 시험에서 불합격이 발생되면 처음부터 다시 프로세스를 거쳐야 하기 때문에 수개월이 추가로 걸린다. 만약 몇 번 이상 반복할 경우 시간적 또는 업무적 로스는 상당히 크다. 신뢰성 시험은 시간이 많이 소요되기 때문이다.

따라서 신뢰성 시험 계획 시 반드시 최고 신뢰성 전문가가 참여할 수 있도록 노력해야 한다.

회사 차원에서 사용환경, 과거 실패사례, 고장분석 경험을 충분히 반영하여 신뢰성 사고가 발생하지 않도록 예방하는 데 최선을 다해야 한다. 즉, 단순히 시험 프로세스를 준수하는 것보다 시험 완성도가 더 중요하다는 말이다.

그렇다면 신뢰성 업무가 기업에 과연 도움은 되는 걸까? 결론부터 말하면 매우 큰 도움이 된다. 물론 잘 활용한다는 조건에서다. 혹시 신뢰성 업무 방향을 잘못 잡으면 비용 투자 대비 효과가 낮을 수 있다. 즉, 기업에 필요한 실질적인 신뢰성 업무 운영을 해야 한다.

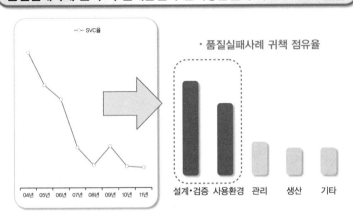

품질실패사례 분석 시 설계품질과 신뢰성품질이 약 60~70% 점유

· 품질실패사례 귀책 점유율

신뢰성 업무 시행 전후의 효과를 보면 그림과 같이 좋아질 수 있다. 예방효과 비용으로 따지면 수백억 이상의 규모로 평가될 수 있다.

한편 품질실패사례의 약 60~70%가 설계와 신뢰성 검증에 있다고 한다. 물론 여기에는 사용환경이 달라 나타나는 실패도 포함된다. 이는 초기 설계와 신뢰성 검증의 중요성과 신뢰성 업무의 당위성을 의미한다. 특히 해외 수출을 많이 하는 기업은 사용환경의 중요성을 반드시 인식하고 신뢰성 검증 시 사용환경을 반영하거나 고려하여 시험하고 평가해야 한다.

	신뢰성	품질관리
1. 용어	고장	불량
2. 시간	t 〉 0	t = 0
3. 판정기준	사용환경/고객요구/내구성/ 물류/보관/PL/Spec.	Spec.
4. 실패비용	多	少
5. 범위	신제품 + 예방	양산품 + 사후
6. 비용	비용 + 공간 多	비용 + 공간 少

그러면 이제 신뢰성과 품질관리의 차이에 대해 알아보자.

대부분 품질을 이야기할 때 신뢰성과 품질관리를 구분한다. 하지만 용어와 정의 측면에서 다소 혼란스러워 하는 경우가 있다.

그래서 필자가 경험한 것들을 토대로 품질관리와 신뢰성에 대한 구분을 6가지 측면에서 해봤다.

우선 용어 측면에서 보자. 신뢰성은 '고장'이라고 하고 품질관리에서는 '불량'이라고 표현한다. 실무자들이 고장과 불량을 혼선해서 사용하는 경우가 많다. 하지만 다른 용어이다.

시간 측면에서 구분해 보자. 신뢰성은 시간(t)이 0보다 크고, 품질관리는 시간이 현재 시점이다. 즉, 시간(t)은 0으로 표현할 수 있다. 현재 기준에 주어진 스펙을 만족하면 합격이고 불만족하면 불합격이다. 하지만 신뢰성은 시간이 흘러 열화나 마모 등으로 사용하면서 나타나는 품질이다.

판정기준 측면에서 보자. 신뢰성은 사용환경, 고객요구사항, 내구성, 물류, 보관, PL, 스펙 등을 고려하여 판정한다. 반면 품질관리는 주로 스펙에 의해 판정한다. 즉, 신뢰성 판정기준이 더 광범위하고 까다롭다고 보면 될 듯하다.

실패비용 측면에서 보자. 신뢰성은 품질관리보다 영향력이 크다고 할 수 있다. 물론 품질관리가 더 높을 수도 있으나 신뢰성은 시간이 경과되면서 누적되어 발생하는 경우가 많기 때문에 실패비용이 품질관리보다 클 가능성이 높다.

업무범위 측면에서 보자. 신뢰성은 신제품 위주로 품질 예방 목적으로 많이 활용되며, 품질관리는 양산품 위주로 사후 품질 목적으로 많이 활용되는 듯싶다.

마지막으로 투자비용과 공간 측면에서 보자. 신뢰성은 품질관리에 비해 많은 투자비와 공간이 필요하다. 시험실 공간도 장비 및 시험 지그 등으로 상당한 공간을 필요로 한다. 시험항목별로 구분된 장비와 공간이 필요하기도 하다. 이렇듯 신뢰성과 품질관리는 확연한 차이가 있으니 참조하여 활용하면 좋을 듯하다.

양산 신뢰성

품질은 크게 눈에 보이는 품질과 보이지 않는 품질로 나눠 볼 수 있다.

눈에 보이는 품질은 주로 초기에 발생하는 품질로, 외관이나 특성 측정을 통해 쉽게 보이게 할 수 있다. 주로 품질관리 측면에서 검사를 통해 그 모습을 볼 수 있는 항목들이 이에 속한다. 그래서 눈에 보이는 품질에는 다들 익숙한 편이다. 많은 경험과 교육 등을 통해 자주 접했기에 관리 대안에 대해서도 어느 정도 알고 있을 것이다.

하지만 문제는 눈에 잘 보이지 않는 품질이다. 즉, 검사를 통해 외관이나 초기 특성치 측정 등을 통해 모습을 볼 수 없는 품질이다. 복잡하고 다양한 특성들이 복합적 기능을 가지고 있거나 조립 후 내부를 볼 수 없는 경우에도 마찬가지이다. 시간이 경과하면서 초기 품질과 다르게 변하는 경우, 사용환경이 변하는 경우에도 그렇다.

만약 눈에 잘 보이지 않는 품질문제가 발생할 경우에는 실패비용과 고객불만의 규모와 범위가 더욱 커진다. 특히 시간이 지나면서 나타나는 품질문제는 심각해진다. 이는 바로 신뢰성 품질의 문제이다.

그래서 이를 사전에 검출하고 예방하기 위한 대안이 바로 양산 신뢰성 시험이다. 신뢰성은 개발 신뢰성과 양산 신뢰성으로 나눠 볼 수 있다. 개발 신뢰성은 신제품이나 신부품을 개발할 때 개발 단계에서 시행하는 신뢰성 시험을 말한다. 양산 신뢰성은 개발이 완료된 후 양산되고 있는 제품과 부품들이 승인된 초기와 품질이 균질한지 평가하는 신뢰성 시험을 말한다. 즉, 현재 양산되고 있는 제품이나 부품을 대상으로 한다.

그러면 양산 신뢰성 시험의 업무 순서에 대해 간략히 살펴보자. 우선 양산 신뢰성 시험 대상을 선정해야 한다. 대상의 우선순위는 고위험군, 필드 실패사례, 안전 관련 항목, 기능 항목 등이다. 대상이 선정되면 시험 대상에 대한 양산 신뢰성 시험법이 제정되어야 한다. 만약 시험법이 있다면 개정을 통해 최적 시험법을 준비해야 한다. 그다음, 시험 대상을 기초로 연간, 분기, 월간 시험 계획을 수립해야 한다. 그리고 계획 대비 시험을 시행하고 평가 및 결과 보고를 시행한다. 만약 부적합 사항 발생 시 이에 대한 개선 활동도 같이 병행해야 한다. 때로는 시험 결과에 대한 판정이 모호할 경우도 종종 발생한다. 이런 경우에는 시험 조건, 필드 상황, 제품 영향도, 발생 가능성 등을 종합적으로 판단하여 신중하게 판정해야 한다.

품질 경험에 따라 양산 신뢰성의 중요성과 필요성은 달라진다. 품질은 4M 변경에 의해 항상 변하고 살아 움직인다. 품질 경력이 짧거나 신뢰성 경력이 없다면 양산 신뢰성 업무는 어려울 수 있다. 하지만 할 수 있는 여건이 된다면 대형 품질 사고 예방 차원에서 진행하기를 권장하고 싶다.

흔히 신뢰성은 많은 비용과 큰 공간이 필요하고 어려운 항목이라고 생각한다. 하지만 적은 비용과 작은 공간으로도 기업 상황에 맞는 신뢰성 시험실을 얼마든지 운영할 수 있다. 비용이 조금 들더

라도 기업의 제품 보증과 사업 확장을 목적으로 한다면 투자 가치
는 충분히 있어 보인다.

신뢰성 시험이 때로는 수명 시험이나 연구를 목적으로 진행하는
경우도 있는데, 제품이나 사용환경에 적합한지 여부를 평가하는
시험이 우선 진행되기를 기대한다. 품질은 반드시 기업 활동에 기
여하는 활동이 됐으면 하는 마음이다.

품질 프로세스 맵핑

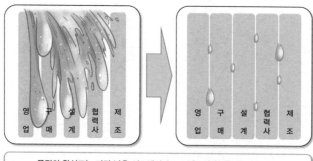

시스템의 산포

품질의 완성도는 가장 낮은 시스템이나 프로세스의 완성도를 따른다

품질시스템이나 프로세스에도 산포가 있다. 그림에서와 같이 각 팀 간 또는 업무 간 품질의 완성도에 차이가 있다면 가장 낮은 곳에서 품질 이슈가 생길 수밖에 없다. 그림의 예로 본다면 설계가 가장 낮은 품질수준을 가지고 있는 경우 전체 프로세스 또는 시스템상에서의 품질수준은 설계 수준을 따라가게 될 것이다. 즉, 품질 프로세스는 잘 연계된 협업 체계로 이뤄져야 높은 수준의 품질수준을 유지할 수 있다.

회사마다 시스템과 프로세스의 완성도는 모두 다르기 때문에 한 번쯤은 이에 대한 고민과 점검이 필요하다.

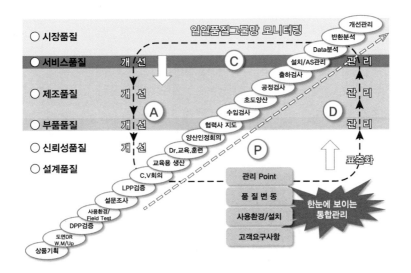

그림에서 보듯이 품질 프로세스 맵핑은 여러 단계로 서로 이어져 있다. 크게 설계 품질, 신뢰성 품질, 부품 품질, 제조 품질, 서비스 품질, 시장 품질로 나눌 수 있다.

우선 설계 품질은 상품기획, 도면 DR, DPP, LPP, 양산인정회의 등으로 구분된다. 이러한 단계를 통해 고객요구사항을 반영하고 발생 가능한 문제점들을 사전에 시뮬레이션해서 검출하고 개선하는 단계를 거친다. 물론 그 방법은 회사마다 다를 것이다. 회사마다 방법을 다르지만 보이지 않는 품질변동들을 어떻게 보이게 하여 설계에 반영하고 관리할 것인가가 관건이다. 주로 설계 품질 단계는 연구소가 주관하여 진행한다.

설계 품질을 검증하는 것이 신뢰성 품질이다. 물론 신뢰성 품질은 전 과정에 걸친 업무라고 볼 수 있지만 여기서는 설계 품질에 한해 이야기하고자 한다. 각 설계 단계별 품질을 보증하는 활동이 신뢰성 품질인데 여기에는 초기 품질특성과 내구성 품질이 포함된다. 이는 회사마다, 혹은 업무특성이나 조직에 따라 달리 해석될 수 있다. 신부품 신뢰성 시험, 품질특성 시험, 환경시험, 전기/전자 시험, 안전규격시험, 품질변동 및 안전율 평가, 필드테스트 등이 이에 속한다.

부품 품질은 협력사에서부터 제조되어 납품되는 부품의 품질이다. 특히 신부품이나 추가된 기능에 대한 품질을 보증하여 만드는 단계이다. 고객의 요구사항과 제품에 필요한 기능을 만족시키기 위해 부품 품질 관리 또는 보증 활동이 이루어져야 한다. 이는 협력사에 의해 만들어지고 보증되기 때문에 특별히 관리되어야 한다. 사전에 특별관리사항과 요구사항을 협력사와 공유하고 설계 단계별 이벤트마다 실제 부품을 제조하고 보증하는 활동을 협력사 차원에서 사전 시뮬레이션하면서 특별관리 및 보증 계획을 세워야 한다.

필요 시 모기업의 설계자 및 품질지도 요원의 지원이 필요하며, 품질변동과 관리 포인트 등에 대한 사전 예방 활동, 설계반영, 검사반영이 되어야 한다. 협력사에서는 모기업이 모르는 4M 변경이 자주 발생하기 때문에 협업하여 품질에 대한 변동을 수시로 관리할 수 있는 체계를 갖춰야 할 것이다.

다음은 제조 품질이다. 협력사에 부품이 입고되면 조립을 통해 제품을 생산한다. 이때 제조 품질이 탄생하는데 주로 부품 조립, 시스템 조립 시 나타난다. 주로 작업자, 설비, 환경, 물류, 방법 등에 의해 발생된다. 따라서 작업표준, 작업자 교육, 설비 점검, 검사 설계, 물류관리 등을 통해 예방할 수 있다. 특히 작업불량이 자주 발생되는데, 이는 수시로 변경되는 작업자에 의해 발생되므로 이에 대한 관리가 필요하다. 휴먼 에러는 쉽게 검출하기 어렵기 때문에 때로는 Pool Proof 방식도 필요하다.

다음은 서비스 품질이다. 서비스 기사나 고객 응대 직원들에 의한 서비스 신속도 및 정확도, 친절도 등에 의한 품질이다. 제품을 설치하거나 AS를 할 때 고객요구사항과 사용환경에 맞게 잘 설치하는 것은 물론이고, 사전 필요 정보 안내, 질문사항 답변, 사후처리, 서비스 발생 시 신속한 대응, 정확한 진단과 처리를 통해 고객을 만족시키는 것을 포함하는 품질 정도이다. 때로는 제품의 기술력보다는 서비스 품질이 고객의 마음을 사로잡는 경우도 있다.

마지막으로 시장 품질이다. 고객이 제품 사용을 시작한 뒤 점차적으로 나타나는 품질이다. 시간이 경과되면서 또는 제품을 사용하면서 점차적으로 나타나는 품질로, 진정한 필드의 품질수준이라고 보면 된다. 제품불량, 고객요청, 감성불만 등 여러 가지 관점에서 고객요구사항과 불편사항이 제품을 사용하면서 나타나는데 시간, 장소, 계절 등에 의해 영향을 받는다. 장기 내구성에 의한 품질도 이에 포함된다. 이는 품질실패비용의 크기와 규모를 결정하는 중요 지표 중 하나이다. 고객불만과 비용의 크기 및 영향도 측면에서도 가장 크게 작용한다.

이렇게 여러 단계로 구성된 품질 프로세스가 우리가 속한 회사의 프로세스 계단이라고 볼 수 있다. 설계 품질과 신뢰성 품질을 시작으로 부품(협력사) 품질, 제조 품질, 서비스 품질, 시장 품질과 관련된 프로세스로 연결된다. 중요한 것은 각 프로세스별로 주관하는 조직이나 담당이 다르므로 앞 단계에서 이뤄진 품질 프로세스 결과물들은 다음 단계의 조직과 프로세스에 공유되고 협의되어야 품질의 단계가 완성될 수 있다는 점이다. 만약 하나의 계단이 무너지면 품질 리스크는 증가할 것이다. 특히 고객요구사항, 사용환경/설치, 품질변동, 관리 포인트 등이 이 프로세스에 맵핑되어야 한다. 즉, 설계 품질, 신뢰성 품질, 부품 품질, 제조 품질, 서비스 품질, 시장 품질까지 프로세스 맵핑을 통해 연계시키고, 지속적인 관리와 모니터링, 개선을 통해 혁신적인 품질의 모습을 그려나가야 할 것이다.

앞에서 언급한 품질지표 트렌드 분석을 통해 품질 프로세스 맵핑과 연계하여 설계하는 것이 좋은 결과로 이어질 가능성이 높을 듯하다. 서로 간의 약속을 통해 실천할 때 품질의 성과물 크기는 달라질 수 있다. 무엇보다 중요한 것은 모든 품질 프로세스의 지표 및 활동들을 한눈에 보이는 통합관리를 하는 것이다.

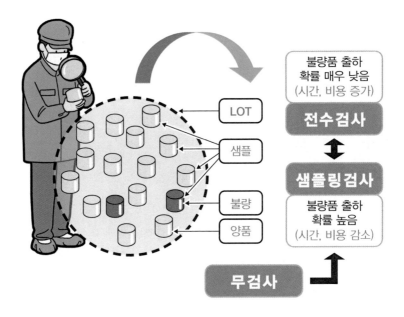

불량품 출하
확률 매우 낮음
(시간, 비용 증가)

전수검사

샘플링검사

불량품 출하
확률 높음
(시간, 비용 감소)

무검사

LOT

샘플

불량

양품

위 그림에서 보면 17개 샘플 중 2개의 불량이 들어 있을 때 불량이 뽑힐 확률은 약 12%이다. 만약 여러분들에게 2개의 시료를 뽑으라고 한다면 어떻게 뽑겠는가? 위에서 2개를 뽑는 사람은 아마 불량을 검출하지 못할 것이다. 반대로 아래에서 뽑은 사람은 불량을 검출할 가능성이 높다. 불량품이 아래에 위치해 있기 때문이다.

검출력은 누가, 언제, 어디서, 무엇을, 어떻게, 왜 하는지에 따라 달라진다. 검사자는 같더라도 다른 방법, 다른 샘플링 위치 등 수많은 변수가 있기 때문이다.

그림에서는 불량이 보이지만 실제 여러분들이 제품이나 부품을 검사할 때는 불량품이 눈에 잘 보이지 않는다. 그럴 때 검사를 어떻게 하냐에 따라 검출력은 결정된다.

검출력을 높이는 방법은 층별 샘플링을 하는 것이다. 이는 상하좌우 구분, 제조일자, 생산자, 야간/주간, 생산라인 등 여러가지 구분기준을 가지고 층을 만들어 샘플링하는 것인데, 경험상 이 방법의 검출력이 가장 높았다. 물론 랜덤 샘플링도 확률이기 때문에 반대일 수 있지만 상대적으로 검출할 확률이 높다는 뜻이다. 또한 층별 샘플링은 최소한 로트불량은 예방할 수 있을 것이다.

검사는 크게 무검사, 샘플링 검사, 전수 검사로 나눌 수 있다.

무검사는 품질이 매우 안정적이고 과거에도 문제가 발생하지 않은 품목 또는 부자재, 소모품 등 상대적으로 중요도가 낮은 품목에 대해 시행한다.

샘플링 검사는 품질이 어느 정도 안정적이기는 하나 지속적인 관리와 예방이 필요하고 중요하다고 생각되는 품목에 대해 시행한다. 샘플링 검사의 시행 이유는 시간과 비용의 효율성이며, 전수 검사에 비해 불량품이 출하될 확률이 상대적으로 높다. 따라서 샘플링 검사 시 지속적인 불량이 발생되거나 매우 중요한 항목에 대해서는 전수 검사를 진행해야 한다.

전수 검사는 품질이 매우 불안정하거나 중요한 품목일 경우 실시한다. 때로는 신제품이 초도 입고될 때나 품질이 확보되지 않는 품목에 대해서도 종종 시행한다.

무검사, 샘플링 검사, 전수 검사는 서로 일정 기준에 의해 변할 수 있다. 예를 들어 샘플링 검사에서 50로트 또는 100로트 이상 연속 합격 시 무검사로 전환가능하다는 이론은 있을 수 있으나 이는 전적으로 이론적인 수치이고 회사의 상황과 품목의 중요도에 따라 다르게 진행되는 것이 맞다고 판단된다. 실제로 전환 테이블을 만들어 운영해 보았지만 실제 검출력과 예방 활동에 도움을 주지 못하는 경우도 있었다.

참고로 말하지만 무검사 품목 리스트와 사유에 대해 보유하고 있어야 한다. 무검사 품목이라고 하더라도 검사를 안 하는 것이 아니라 일정 주기를 정해 검사는 해야 하며 무검사 품목도 결국 품질부서가 책임져야 할 제품이다.

전수 검사는 품질보증 측면에서 가장 안정적인 방법이긴 하지만 비용과 시간 측면에서 너무 많은 투자가 필요하기 때문에 효율성 측면에서 검토하여 검사를 설계해야 한다.

검사설계는 회사의 사정과 운영 측면에서 최적의 조건을 찾아 설계하는 것을 권장한다. 어떤 회사들은 이미 만들어진 검사 전환 테이블을 보고 일방적으로 따라하는 곳도 있다. 그러나 회사마다 기준과 방법이 달라야 한다고 본다.

이러한 검사방법과 검사설계에 따라 검출력은 매우 달라진다.

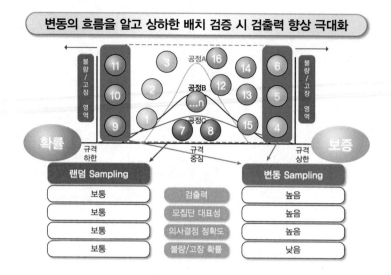

검출력은 방법과 시료의 크기에 따라 다르게 나타난다. 물론 이론을 통해 시료의 크기와 샘플링 방법을 결정하여 시행할 수 있다.

흔히들 익숙한 방법이 랜덤 샘플링 방법이다. 랜덤 샘플링은 검출력 정도도 보통이고 모집단의 대표성도 보통 수준이다. 이로 인한 의사결정 정확도도 보통이고 불량 및 고장확률도 보통 이상이다. 말 그대로 랜덤 샘플링은 확률게임이다. 그렇기에 이 방법만으로 검출력을 대표하는 것은 문제가 있어 보인다.

따라서 새로운 방법을 제안하고자 한다. 바로 변동 샘플링 방법이다. 이 방법은 특히 신제품이나 신부품 개발 시 사용하면 좋은 방법이다. 예를 들어 그림에서와 같이 n개의 시료들에 대한 특성값을 측정하여 분석한다. 그런 다음 승인 기준에 따른 상하치를 구분하여 검증계획을 세운다. 예를 들어 4, 5, 6은 상한치에, 9, 10,

11은 하한치에 분포한다고 가정하자. 먼저 이와 같은 상한치, 하한치 부품들이 서로 조립되거나 제품에 적용될 경우 나타날 품질특성의 연계성을 분석하여 불량과 고장 유무를 파악한다. 그러면 중간에 있는 시료들은 별도의 검증 없이도 품질의 상태를 알 수 있을 것이다.

여기서 만약 랜덤 샘플링을 했다면 샘플에 따라 불량과 고장 발생 확률이 매우 다르게 나타날 것이다. 하한치 시료들이 제품에 조립되면 불량이나 고장이 발생되는 것으로 가정하면 바로 옆에 있는 1, 2, 3번 시료들도 불량이나 고장 발생확률이 높을 것이다. 즉, 랜덤 샘플링을 통해 검증할 경우 어떤 시료가 뽑힐지 모르기 때문에 불량 및 고장 확률이 높다고 볼 수 있다. 결국 시험이나 검증은 했지만 확률이기 때문에 결과는 다소 불안정적이다.

반대로 상한치, 하한치를 구분하여 검증하게 되면 불량 및 고장 가능성 판단과 의사결정이 명확해질 수 있다. 이는 확률이 아니라 보증이라고 할 수 있다. 시료에 대한 품질변동의 흐름을 알고 상한치, 하한치를 구분하여 발생가능성을 배치하여 검증할 때 누구보다도 정확한 검출력을 보일 수 있을 것이다. 즉, 변동 샘플링은 검출력도 높고, 모집단에 대한 대표성도 높다. 또한 의사결정 정확도도 높고 불량 및 고장 발생 확률도 현저히 낮다.

이는 지속적으로 랜덤 샘플링에 의한 검사에 의존하여 매우 힘든 품질관리를 할 것인지 아니면 품질변동을 파악해서 설계적인 보완을 통해 품질에 문제가 없도록 현명한 품질관리를 할 것인지의 문제다. 이는 열심히 하는 것과 잘하는 것과의 차이이기도 하다.

이렇게 품질의 움직임을 알면 품질은 쉬워진다.

품질검사

검출력은 품질보증의 가장 핵심 역량, 예방검출만이 살 길!

프로세스	품질검사 프로세스			
프로세스	수입검사	공정검사	공정Patrol	출하검사
반영사항	CTQ, 품질변동, 고객눈높이, 실폐사례, 사용환경, 4M변경점, 물류 등			
결과물	• 승인원 • 검사기준서 • 검사성적서 • 검사항목 List • 검사지표 분석 • Worst 개선 • 협력사 지도 • 눈높이 조정 • 게이지 R&R • 품질 회의체	• 작업표준서 • 검사기준서 • 검사성적서 • 불량추세 관리 • OPL 개선 • Worst 개선 • 설비관리 • 작업자 교육 • 공정능력 관리 • 4M변경 신고서 • 품질 회의체	• Patrol 표준 • Check Sheet • 공정능력 관리 • 부적합품 개선 • 품질 회의체	• 승인원 • 검사기준서 • 검사성적서 • 검사항목 List • 검사지표 분석 • Worst 개선 • 눈높이 조정 • 게이지 R&R • 품질 회의체
효과	고객이 원하는 제품			

검사는 품질을 보증하는 가장 근본적이고 현실적인 대안이라고 할 수 있다. 여러분들은 검사가 예방과 사후관리 중 어느 쪽에 속한다고 보는가? 어떻게 보면 예방일 수도 있고, 어떻게 보면 사후관리일 수도 있다. 필자는 검사를 예방관점에서 살펴보고자 한다.

앞에서 소개했듯 검사의 종류에는 전수 검사, 샘플링 검사, 무검사가 있지만 우선 여기서는 샘플링 검사를 기본으로 생각하자.

품질검사의 프로세스는 크게 수입검사, 공정검사, 공정 Patrol, 출하검사로 나눠 볼 수 있다. 물론 중간에 소단위의 자주검사나 기타 검사 등이 존재할 수 있다.

검사를 어떻게 설계하느냐에 따라 검출력의 차이는 매우 커진다. 특히 고객요구사항, CTQ, 품질변동, 고객 눈높이, 실패사례, 사용환경 등을 검사계획에 반영하여야 시행착오를 줄일 수 있다. 중요한 것은 검사 포인트 설정과 검사를 위한 계측기, 검사방법, 샘플링 기법, 데이터의 해석 등의 기본 역량을 갖추는 것이다.

검사의 목적은 불량을 검출하여 예방하는 것 외에 품질개선을 통한 손실 제거, 문제 피드백을 통한 설계 품질 향상, 불량 감소로 생산성 향상, 협력사 품질수준 향상, 내부/외부 품질실패비용 감소, 고객만족 등이다.

앞에서도 설명했지만 고객요구사항을 반영한 품질검사 계획을 토대로 품질기준을 반드시 검사설계에 반영해야 한다. 이 점을 다시 한 번 강조하고 싶다.

:: 수입검사

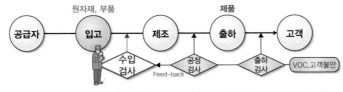

공급품에 대한 최적 수입검사 시스템 운영을 통한 부품품질 보증

공급자(협력사 등)로부터 입고되는 원자재, 부품 등을 문서화된 검사기준에 의해
원자재, 부품 등이 합격인지 불합격인지를 판단하는 입고품질 관리 활동

원자재, 부품 → 공급자 — 입고 — 제조 — 출하 — 고객

수입검사 / 공정검사 / 출하검사 / VOC,고객불만
Feed-back

검사 방법	검사 수준	검사 조정	검사수량/비용/시간	Input	Output
무검사	무검사		少	• 승인원 • 고객요구사항 • 품질관리 계획서 • 검사기준서/지그 • 협력사 출하성적서 • 눈높이 조정 • 4M변경 등	• 검사성적서 • 검사이력/기록 • 부적합시정조치서 • 식별표시(TAG, 스티커) • 검사 지표&Cpk 분석 • Worst 개선 • 품질 회의체 등
랜덤샘플링	수월한 검사				
	보통 수준의 검사				
	까다로운 검사				
전수검사	전수검사		多		

먼저 수입검사를 살펴보자. 입고검사라고도 한다. 협력사나 납품업체에서 들어오는 원재료나 부품 등을 생산에 투입되기 전, 또는 설치자재 등 출하되기 전에 샘플링 검사하여 부품의 로트를 보증해 주는 검사 활동이다. 전수 검사가 아닌 랜덤 샘플링 검사로 누가, 어떻게 검사하느냐에 따라 검출력 결과가 크게 달라진다. 양질의 부품이 투입되어야 생산 시 발생되는 불량 선별 및 수리 시간이 줄고 작업효율이 향상되어 생산성도 증가한다. 한편 부품이 조립되어 제품으로 완성되고 나면 부품의 상태를 잘 알 수가 없으므로 불량 원인을 찾는 데 시간이 많이 걸린다.

혹시 이 부품에 불량이 발생했는데 수리가 불가할 시에는 제품

해체 또는 폐기로 이어지게 된다. 이 경우 품질실패비용이 매우 크며 더 나아가 필드에서 로트 불량이 생길 경우 그 손실금액은 훨씬 커진다. 그렇기 때문에 수입검사를 통한 부품의 품질보증은 반드시 필요하다.

물론 수입검사 전에 협력사에서 자체 검사 및 보증 활동을 통해 부품 품질을 보증해 줘야 한다. 하지만 그렇게 했음에도 불구하고 협력사에서 놓칠 수 있는 변수들이 존재하기에 수입검사는 반드시 필요해 보인다. 가장 이상적인 것은 무검사이기는 하다. 필자는 중요도가 낮고 품질 영향이 낮은 부품에 한해서만 무검사를 적용하기를 권장한다. 중요부품과 고가부품은 검사를 통해 사전 예방을 하는 것을 추천한다.

무검사에서 샘플링 검사, 샘플링 검사에서 전수 검사로 조정하면서 검사 수준을 조정할 수 있다. 품질이 불안정하거나 불합격 또는 반복적인 불량이 발생될 때 이렇듯 적절히 검사를 조정할 필요가 있다. 하지만 실제 현업에서 이러한 검사 조정 작업은 쉽지 않을 수 있다. 입고수량과 입고 로트가 적을 경우에는 어느 정도 가능하지만 많을 경우에는 현실적으로 어렵다. 이론적으로, 혹은 시스템적으로 봤을 땐 검사의 수준을 조정하는 게 맞지만 실질적으로 그 효용성에 대해서는 다소 의문을 가지고 있다.

예를 들어 중요한 고가의 CTQ 부품이 품질이 안정되었다고 판단하여 무검사로 전환할 수 있는가? 물론 이러한 중요한 부품들은 검사 조정에서 예외로 두고 있을 것이지만 그렇지 않을 경우 시스템 또는 심사원들이 요구하거나 지적한다면 어떻게 해석하고 받아들여야 할지 사실 고민일 것이다.

합리적인 것도 중요하지만 품질 리스크를 최소화하는 것이 더 중요하다고 생각된다. 이는 각자 판단에 맡기는 것이 좋을 듯하다.

수입검사 기준에는 승인원, 고객요구사항, 실패사례 등을 토대로 한 검사기준과 포인트, 방법, 검사지그, 계측기, 주기, 검사 수준, 판정기준 등이 포함되어야 한다.

검사 후 검사결과는 기록되어야 하고 향후 데이터를 분석할 수 있도록 관리되어야 한다. 경험상 수입검사 기록 결과물들을 수동으로 관리하거나 단발성 또는 낱개로 관리하다 보면 향후 추세 분석이나 개선 포인트 선정, 워스트 대상, 각종 예방 활동을 위한 방향성 결정이 힘들다. 연속성 있는 자료로 전산화하여 통계 분석하는 것은 물론, 원하는 정보를 얻을 수 있도록 관리해야 한다.

이러한 수입검사가 부품 품질의 개선 활동과 연계되어 부품 품질혁신을 이루길 바란다.

사실 가장 효율적인 방법은 협력사가 자가 부품 품질보증시스템을 구축하여 부품을 보증하는 것이다. 검사도 확률 게임이다. 검사가 최적의 방법은 아니라고 생각한다.

:: 공정검사

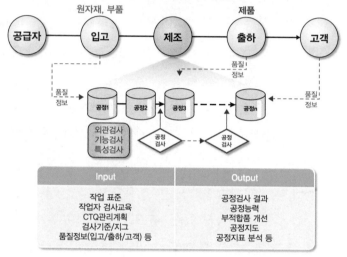

공정 이동간 CTQ 공정검사를 통한 제조품질 보증

앞 제조공정에서 다음 제조공정으로 이어지는 과정에서 불량품이 들어가는 것을 막기 위한 검사
중간검사와 파이널 검사로 구성됨

Input	Output
작업 표준 작업자 검사교육 CTQ관리계획 검사기준/지그 품질정보(입고/출하/고객) 등	공정검사 결과 공정능력 부적합품 개선 공정지도 공정지표 분석 등

다음은 공정검사에 대해 살펴보자.

부품이 입고되면 부품 간 조립, 시스템 간 조립을 통해 제품이 만들어진다. 이 과정에 작업자와 설비, 그리고 여러 가지 환경이 추가된다. 각 생산 라인에서는 작업표준에 의해 작업자가 조립을 하고 주요 공정마다 검사를 진행한다. 공정검사는 이러한 공정마다 실시하는 검사를 말한다.

공정검사 역시 어떻게 설계하느냐에 따라 검출력이 크게 차이 날 수 있다. 공정검사 설계 주최는 회사마다 다를 텐데, 연구소, 품질, 생산, 생산기술 등이 주관이 되면 좋을 듯하다. 공정검사는 주로 시간과 공간의 제약이 따른다. 실장을 통한 공정검사가 가장 정확하지만 현실적으로 효율성 측면에서 한계가 있다. 즉, 간이 검사를 최적화해야 하는데 이 또한 역량이 없으면 검사의 유효성이 많이 떨어진다. 제언을 한다면 설계상에 품질특성과 조립 완성도를 전체적으로 전개해 놓고 검사항목과 방법에 대해 전문가들 간의 협의를 거쳐 최적화하는 작업을 하는 게 좋다.

공정검사 설계 후 임의 또는 대표 불량을 만들어 검출 가능 여부를 평가하는 방법도 있다. 이론과 실제에는 차이가 있다. 신제품일 경우에는 본 양산 전에 각 이벤트 단계에서 공정검사 검출력에 대한 시뮬레이션을 실시하여 보증하는 활동을 미리 준비하는 것이 좋다. 경험상 생산 조립불량의 원인을 분석해보면 4M 변경으로 인한 경우가 많았다.

이러한 공정검사를 통해 발견되는 불량을 공정불량이라고 한다. 공정불량에 대한 데이터 관리와 분석을 통한 개선 활동도 반드시 이뤄져야 한다. 데이터 분석을 해보면 검출력의 정도를 평가할 수 있다. 고객불만 및 필드 불량에 대한 공정검사에서의 반영 가능여부, 실패사례 반영 여부 등이 연계되어 제·개정 관리가 되어야 한다.

특히 생산에서는 작업자와 설비 등 4M 변경이 자주 발생되는데 이에 대한 사전 영향도 평가와 준비를 실시하여 대안을 미리 준비해주길 바란다.

:: 공정 Patrol

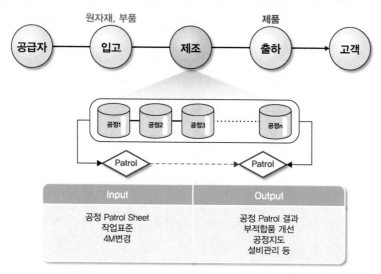

공정 표준 및 변경관리를 통한 품질문제 사전 예방 점검

제조공정 또는 제조환경 관련 표준준수 여부를 점검하고 품질을 예방하기 위한 순회검사

Input	Output
공정 Patrol Sheet 작업표준 4M변경	공정 Patrol 결과 부적합품 개선 공정지도 설비관리 등

공정 Patrol에 대해 살펴보자. 가끔 공정검사와 공정 Patrol을 같은 것으로 이해하는 경우가 있는데, 이 두 가지는 다른 것이다.

공정 Patrol은 공정검사와 다르게 검사 포인트에 중점을 두기보다는 시스템적인 요소를 더 많이 반영한다. 부품관리 상태, 식별 상태, 물류, 작업표준, 제품 및 부품 사양, 고객요구사항 반영, 4M 변경, 부적합품, 3정 5S 등 전반적인 공정 상태에 대한 순회 점검 활동을 말한다.

공정 Patrol은 주로 체크 시트를 활용하여 점검하고 기록한다.

공정 Patrol 시트를 보면 주로 글로 표현되어 있는 경우가 많다.

검사와 Patrol의 목적은 무엇보다도 쉽게 문제를 검출하고 예방하는 것이다. 단지 검사와 Patrol을 하는 것이 중요한 것이 아니다. 목적에 맞게 운영되어야 한다.

그래서 추천하는 것은 공정 Patrol 시트를 글보다는 사진과 구조도를 활용하여 검사나 Patrol의 절차와 방법이 눈에 보이도록 운영하는 것이다. 표준과 실제 행위가 일치되어 운영되고 있는지 확인이 필요하다. 이는 품질변동요인을 사전에 제거하여 품질로 인한 각종 손실을 줄일 수 있다.

공정 Patrol 시행 주체도 회사마다 다를 것이다. 품질 또는 생산 중에 하는 것이 맞을 듯한데 품질 주관으로 진행하기를 추천한다. 검출과 예방이 우선 목적이기에 보다 잘 아는 조직에서 하는 편이 유리하다. 업종에 따라 생산에서 하는 것이 더 좋을 수 있다.

공정 Patrol 시 '불합격'보다는 '부적합'이라는 표현이 맞을 듯싶다. 이러한 부적합 발생 시 반드시 기록하고 발생 빈도와 장소에 따라 그룹핑 및 개선 활동을 전개해야 한다. 특히 협력사일 경우 공정 Patrol이 많은 도움을 줄 것이다.

작업자나 공정 검사자가 외국인일 경우, 야간작업을 할 경우, 소품종 다량 생산일 경우, 설비별 생산일 경우, 여러 개의 결함을 가진 부품일 경우에는 현실적으로 공정검사나 전수 검사로는 품질을 보증하기 힘들 수 있다. 이때 공정 Patrol을 통해 보증하는 프로세스를 운영하면 좋은 효과를 기대할 수 있다.

:: 출하검사

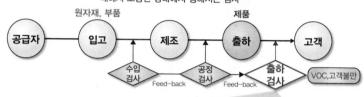

고객관점의 눈높이로 출하 전 최종 검사를 통한 검출력 향상

제조공정의 최종단계에서 행해지는 검사로, 출하 전 단계에서 완성된 제품에
대해서 포장된 상태에서 행해지는 검사

원자재, 부품 / 제품

공급자 — 입고 — 제조 — 출하 → 고객

수입 검사 ← Feed-back / 공정 검사 ← Feed-back / 출하 검사 / VOC, 고객불만

Input	Output
승인원	출하검사성적서
출하검사항목 LIST	출하검사 Worst 개선
출하검사기준서	재작업 이력
눈높이 조정	Cpk
설치자재	논높이 일치율

마지막으로 출하검사에 대해 살펴보자.

경험상 출하검사에 대해서도 서로 다른 해석과 정의를 가지고
있었다.

출하검사를 어느 단계에서 진행할 것인가? 어떤 회사는 제품이
보관 창고로 가기 전에 생산되는 마지막 공정에서 완제품을 샘플
링하여 검사하는 것을 출하검사라고 정의하고 있다. 또 어떤 회사
는 제품이 완성되어 고객에게 출하되기 직전, 창고에 보관 또는 이
동하기 전에 샘플링하여 검사하는 것을 출하검사라고 정의한다.
과연 어느 쪽이 더 효율적인 출하검사일까?

필자는 후자를 출하검사라고 생각한다. 출하검사에 대해 질문

을 받거나 교육을 할 때 그 이유에 대해 이렇게 설명한다. 출하검사는 고객에게 출하되기 전 최종 단계다. 따라서 생산 라인에서 제품을 포장한 후 물류 창고로 이동, 또는 보관하는 과정에서 충격, 낙하, 환경 영향, 먼지, 이물, 오염 등 여러 가지 변수들이 추가되는데, 이 또한 출하검사가 보증해야 하는 요소다.

창고나 물류의 위치나 운영 형태에 따라 어느 단계에서 출하검사를 할 것인가는 회사마다 다를 수 있다. 단지 어느 단계에서 출하검사를 해야 제품을 보증할 수 있는지가 중요하다.

또 출하검사에서 가장 중요한 것은 검사항목에 대한 고객과의 눈높이 일치이다. 고객의 사용환경과 설치 조건에서 고객 관점 또는 사용환경을 최대한 반영하여 시행해야 한다. 설치자재 등에 대한 검사도 포괄적으로 진행해야 한다. 경험상으로는 제품에 대한 출하검사만 하는 회사도 있었다. 그러나 시간, 공간, 인력 부족을 이유로 출하검사를 간소화하거나 생략할 경우 언젠가는 반드시 고객불만 또는 제품교환으로 돌아왔다. 최소한 로트 불량을 막을 수 있도록 출하검사가 이뤄져야 한다.

출하검사 시 샘플링 기법도 매우 중요하다. 수입검사와 같이 샘플링 방법에 따라 검출력 차이가 크다. 로트의 구성이 다르게 이뤄진다. 출하검사의 로트 구성은 여러 가지 요소에 의해 나눠진다. 시간이나 날짜에 따라 오전, 오후, 야간 등으로 나뉘며, 장소에 따라 공장, 생산 라인, 설비 등으로 나뉜다. 사람에 따라 작업자, 검사자 등으로 나뉠 수 있다. 이렇게 로트를 구성하는 요소별로 출하검사 샘플링 계획을 세워 운영하는 것이 검출력 향상에 크게 도움이 된다.

품질시스템적으로는 검사 수준을 결정하는 샘플링 수가 중요시되는 경향이 있는 듯하다. 샘플링 수를 증가시키면 검출력이 좋아진다는 건 누구나 알고 있지만 공간과 시간, 그리고 비용 측면에서 한계가 있기 마련이다. 경험상 ISO 심사나 고객 바이어 공장 심사시 주로 기준에 맞는 검사 수량 준수와 이에 대한 기록에 대한 위주로 지적하고 개선을 요청하는 경우가 있다.

일명 '검사의 마이다스의 손'이라고 불리는 검사자를 보유한 회사도 있을 것이다. 물론 샘플링 검사는 '재수'라는 말이 있지만 이분들은 나름대로 효율적인 샘플링 기법과 노하우를 가지고 있을 것이다. 검사 수량을 늘리는 것 외에 검출력이 높을 수밖에 없는 이유를 가지고 있을 것이라는 말이다.

품질은 아는 만큼 보인다. 즉, 제품과 고객요구사항을 아는 만큼 검출하고 예방할 수 있을 것이다. 품질검사 전문가 육성 및 시스템 보완 시 이에 대한 고려도 필요해 보인다. 이러한 활동은 품질시스템 유지도 중요하지만 회사에 실제 기여하는 것이 더 중요하다.

게이지 R&R

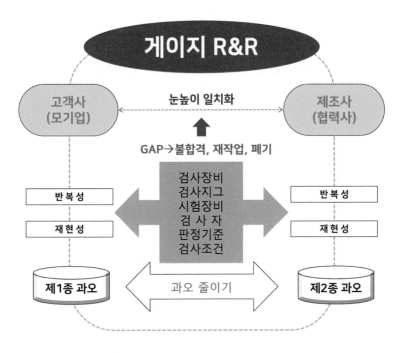

고객 관점에서의 품질보증을 위해서는 고객과 눈높이를 맞추는 과정이 중요하다. 가장 먼저 품질 기준에 대한 눈높이를 맞춰야 한다. 이는 승인원, 관리 계획서, 검사 기준서, 작업 표준서 등을 통해서 가능하다.

하지만 고객과 눈높이를 맞추는 과정이 하나 더 있다. 바로 검사 장비, 검사 지그, 시험 장비, 검사자, 판정 기준, 검사 조건 등과 관련한 게이지 R&R이다. 우리가 흔히 알고 있는 게이지 R&R은 측정기와 측정자의 반복성(Repeatability)과 재현성(Reproducibility)을 평가하는 것을 말한다. 이에 관련한 자세한 설명은 생략한다.

하지만 여기서 말하는 게이지 R&R은 각각의 회사 내의 게이지 R&R을 넘어 회사와 회사 간의 게이지 R&R을 말한다. 즉, 고객사와 제조사 간의 게이지 R&R이다.

고객사와 게이지 R&R이 중요한 이유는 검사나 시험 시 측정기와 측정자 간의 측정값 차이로 합격과 불합격이 결정되기 때문이다. 제조사에서 아무리 정확하고 과학적인 게이지 R&R이 되었다고 해도 고객 관점이 반영되지 않으면 수많은 실패를 반복할 수 있다. 더욱 안타까운 경우는 제조사에서는 합격인데 고객사가 불합격으로 판정하는 경우이다. 사실은 합격인데도 불구하고 말이다. 그러면 제조사에는 불합격으로 인한 재생산, 재작업, 폐기 등의 품질실패비용이 발생한다. 안타까운 현실이다. 아마 지금도 많은 고객사와 제조사 사이에 이러한 사회적 손실이 발생하고 있을 것이다. 제조사 입장에서는 판정이 잘못되었다고 고객사에게 따질 수도 없는 노릇이다. 그래서 눈높이 일치를 통한 검출력 향상이 필요하다.

이렇게 현재에도 품질 현장에서는 제1종 과오, 제2종 과오가 발생하고 있을 것이다. 즉, 합격을 불합격으로 판정하고, 불합격을 합격으로 판정하여 품질에 혼란을 가져올 것이다. 더욱 심각한 것은 이러한 상황을 모르고 있다는 사실이다.

필자의 경험으로는 신제품 초도 양산 시 이러한 문제점들이 가장 많이 나타난다. 가장 좋은 방법은 신제품이나 신부품을 개발할 때 고객사와 개발 단계에서 승인원을 기준으로 양산 인정 전에 고객사와 게이지 R&R을 진행하는 것이다. 그래서 신제품이나 신부품을 개발할 때 제조사를 방문하여 '공정승인'이라는 과정을 거쳐 게이지 R&R을 실시했다.

이제는 회사 내부에서만 진행하는 협의(狹義)의 게이지 R&R과 더불어 고객사와 진행하는 광의(廣義)의 게이지 R&R을 실시하여 품질 안정화에 기여하기를 기대한다.

품질지표

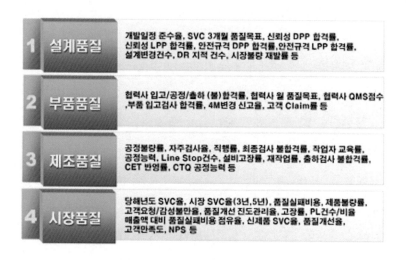

1	**설계품질**	개발일정 준수율, SVC 3개월 품질목표, 신뢰성 DPP 합격률, 신뢰성 LPP 합격률, 안전규격 DPP 합격률, 안전규격 LPP 합격률, 설계변경건수, DR 지적 건수, 시장불량 재발률 등
2	**부품품질**	협력사 입고/공정/출하 (불)합격률, 협력사 월 품질목표, 협력사 QMS점수, 부품 입고검사 합격률, 4M변경 신고율, 고객 Claim률 등
3	**제조품질**	공정불량률, 자주검사율, 직행률, 최종검사 불합격률, 작업자 교육률, 공정능력, Line Stop건수, 설비고장률, 재작업률, 출하검사 불합격률, CET 반영률, CTQ 공정능력 등
4	**시장품질**	당해년도 SVC율, 시장 SVC율(3년,5년), 품질실패비용, 제품불량률, 고객요청/감성불만율, 품질개선 진도관리율, 고장률, PL건수/비율, 매출액 대비 품질실패비용 점유율, 신제품 SVC율, 품질개선율, 고객만족도, NPS 등

품질실적을 위한 품질지표들은 그림과 같다.

품질지표에 있어서 가장 중요한 것은 객관성과 신뢰성이다. 불량의 정의 등에 의해 지표는 달라지고, 현업에서의 각종 데이터 기록과 분석에는 나름대로의 해석과 가공이 들어갈 것이다. 나쁜 지표를 공유하고 보고하기 좋아하는 사람은 많지 않을 것이기 때문이다.

정확한 품질 데이터를 수집하고 분석하여 보고용이 아닌 실제 회사와 실무자에게 도움이 되는 품질지표를 만들어 관리할 것을 기대한다. 객관적인 기준과 있는 그대로의 데이터를 입력하게 되면 품질지표가 일시적으로 증가하여 나빠지겠지만 이를 토대로 중장기적 개선이 일어날 것이다. 그리하여 품질지표가 안정될 때 회사 및 실무자의 업무 효율화는 물론 여러 가지 긍정적인 효과가 발생할 수 있다.

바로 지금 여러분 회사의 품질지표에 대한 정의와 데이터의 신뢰성에 대해 다시 한 번 의문을 가져 보자. 품질지표는 단순히 취합하고 분석하여 보고하는 것이 아니다. 이 지표의 목적은 업무의 방향성과 품질문제 개선, 고객불만 해소 등 전반적인 활동을 결정하여 품질실패비용을 감소하는 데 있음을 잊지 말아야 한다.

품질문제 해결 방법론

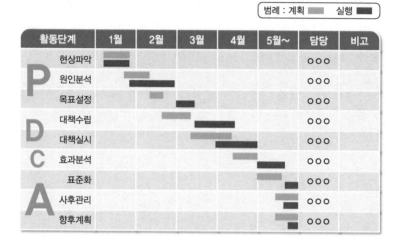

범례 : 계획 ▨ 실행 ▧

활동단계		1월	2월	3월	4월	5월~	담당	비고
P	현상파악	▧					○○○	
	원인분석		▨				○○○	
	목표설정			▧			○○○	
D	대책수립			▨			○○○	
	대책실시				▨▧		○○○	
C	효과분석					▨	○○○	
	표준화					▧	○○○	
A	사후관리					▧	○○○	
	향후계획					▨	○○○	

우리가 흔히 알고 있는 품질개선 활동에는 그림과 같이 약 8~9
개의 단계가 있다. 현상파악, 원인분석, 목표설정, 대책수립, 대책실
시, 효과분석, 표준화, 사후관리, 향후계획 등의 단계이다. 이는 주
로 분임조 활동에 많이 활용되는 품질개선 활동 단계이다.

이러한 품질개선 활동을 보다 과학적이고 체계적으로 풀어나가
는 방식이 6시그마이다. 한때는 6시그마가 모든 품질 활동의 대표
자릴 차지하고 만병통치약으로 통했다. 하지만 지금은 6시그마의

인기가 높지 않다. 필자도 6시그마 BB 자격을 취득하기까지 열심히 활동했던 기억이 있다.

품질문제가 발생하고 현상파악을 통해 원인분석을 한 뒤 이에 맞는 개선대책을 마련하여 적용한 후 효과 파악 및 모니터링 등을 통해 사후관리를 하는 것이 중요하다.

중요한 것은 정확히 개선되어 효과가 있는가이다. 하지만 남에게 보여주기 위한 보고자료, 이론에 맞춘 억지 개선, 현실과 동떨어진 방법론과 분석, 고객과 현장을 무시한 해석과 대책, 개선 효과에 대한 검증이 없는 실행 등의 실수를 많이 범한다. 그러나 아마 주위에 이렇게 품질을 개선하는 사례도 많이 있을 것이다.

필자가 협력사 품질진단이나 지도를 할 때 열심히 품질개선 활동을 전개함에도 불구하고 품질지표가 좋아지지 않은 경우도 있었다. 그럼에도 불구하고 지속적인 데이터 취합과 개선 활동을 위한 투자와 노력은 전개하고 있었다. 과연 무엇을 위한 투자와 노력인지에 대해 의문을 가질 필요가 있다. 이럴 경우 품질개선 활동의 방법론과 방향에 다소 문제가 있을 수 있다.

기업이나 실무자들에게 필요한 것은 신속하고 정확하게 개선하는 것이다.

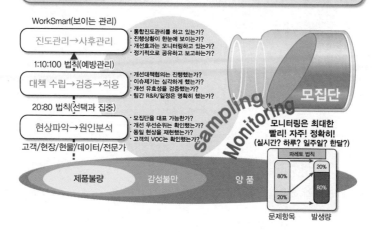

품질개선 활동은 예쁘기보단 신속하고 정확해야 한다. 이를 통해 고객만족은 물론 품질실패비용 절감에 기여해야 할 것이다.

이를 위해 개선 활동의 전체적인 흐름과 방향성 관리, 체계적인 진도관리를 최대한으로 할 필요가 있다. 품질개선 활동은 혼자 하는 것이 아니라 관련 팀의 협조를 통해서만 가능하기 때문이다. 품질개선 활동을 전개하는 데는 전체적인 품질에 대한 프로세스와 조직 간의 상관관계를 이해하는 것이 많은 도움이 된다. 품질문제의 원인은 여러 곳에 산재하기 때문이다. 현상파악은 물론 개선대책을 실행 시에도 관련 팀의 많은 도움이 필요하다.

먼저 현상파악과 원인분석 단계에 대해 알아보자. 우선 필드 고객을 대상으로 고객불만 사항을 개선한다고 가정하자. 필자도 수십 년간 품질개선 활동을 해봤지만 원인을 찾는 게 결코 쉽지가 않았다. 특히 지금과 같은 복잡하고 다양한 기능을 가진 제품에서는 더욱 그랬다. 물론 제품에 품질 추적시스템을 이식하여 기록에 남게 하는 사례도 있다. 하지만 대부분 여러 가지 방법을 통해서 품질문제를 재현하고 개선해야 한다.

현상파악과 원인분석은 주로 품질부서에서 주관하여 시행한다. 현상파악의 방법으로는 데이터 분석, 모니터링, 현장출동, 사용환경 조사, 반환부품 또는 제품분석, 재현시험 등이 있다.

먼저 데이터 분석이다. 데이터는 여러 가지 유형으로 분석할 수 있다. 예를 들어 고객불만 내용에 대해 사용기간별, 제조일자별, 지역별, 장소별, 계절별, 시간별, 날씨별, 작업자별, 생산라인별, 주야간별, 설비별, 검사장비별 등으로 구분하여 경향성을 분석할 수 있다. 이렇게 우선 데이터 분석을 통해 원인에 대한 대략적인 방향성을 잡는 것이 중요하다. 문제에는 반드시 원인이 있기 때문에 데이터를 통해 1차 선별작업을 한다고 생각하면 될 듯하다. 그렇지 않으면 너무나도 많은 경우의 수와 요인을 검토해야 하기 때문이다.

모니터링은 고객과 서비스 요원을 대상으로 진행할 수 있다. 데이터 분석을 기초로 1차 방향성을 잡고 서비스 요원들에 대한 모니터링을 시행한다. 품질문제 현상과 사용환경, 그리고 고객불만 사항에 대해 질문하고 확인한다. 만약 서비스 요원 모니터링과 데이터 분석 내용과 일치하면 바로 반환제품 분석을 통해 재현시험을 진행한다. 이때 서비스 요원도 문제점을 모르는 경우가 있을 수 있다. 그럴 경우에는 고객 모니터링을 통해 추가 문제점을 파악할 수 있다. 가장 좋은 방법은 고객불만 사항에 대해 서비스 요원이 정확히 진단하여 반환제품에 기록하여 반환해 주는 것이다. 하지만 현실적으로 그렇게 하지 못하는 경우가 많다.

다음은 현장출동이다. 데이터 분석과 모니터링을 통해서도 원인을 찾기 힘들 경우에는 고객불만 발생 시 직접 현장에 나간다. 품질 또는 기술 전문가와 함께 가서 현장에서 분석한다. 이때 고객 사용환경에 대한 조사도 병행하는 것이 좋다. 사용환경이 원인일 경우도 많다.

또한 반환제품 또는 부품에 대한 분석이 필요하다. 데이터 분석, 모니터링, 현장출동을 선행해야 하는 이유는 반환제품과 부품에 AS 현상을 기록해서 반환되기는 하지만 재현성이 떨어지는 경우가 있기 때문이다. 그렇다고 제조자 입장에서 재현된 현상만을 가지고 개선을 진행할 수는 없다. 반드시 고객불만 사항과 일치되는지 확인하고 개선을 해야 한다. 자칫 개선(改善)이 아닌 개악(改惡)이 되는 경우도 종종 있다.

그래서 고객 관점에서 필드에서 고객불만으로 발생된 AS 부품 또는 반환 제품을 통해 검사 또는 재현시험을 진행한다. 즉, 앞에서 조사한 원인들에 대해 재현시험을 통해 원인을 검증한다. 제품을 통해 재현되지 않는다면 다른 이유가 또 있다는 이야기이다. 다시 처음부터 접근해야 한다.

필자가 이렇게 장황하게 설명하는 이유는 품질개선 활동을 할 때 여러 차례 시행착오를 겪을 가능성이 크기 때문이다.

결론적으로 품질문제에 대한 현상파악과 원인분석을 잘 하기 위해서는 고객 입장에서 현장의 기준으로 현물을 보고 데이터와 연계하여 분석할 수 있는 전문가가 있어야 한다.

원인분석 단계에서 다소 시간이 걸리더라도 이에 대한 검증작업을 충분히 해주는 것이 더 효율적이다. 때로는 운이 좋게도 원인이 아닌데도 그 원인을 대입하여 재현시험을 했을 때 재현되는 경우도 있다. 그때는 불행히도 나중에 재발되어 시간과 비용이 커질 것이다. 시작이 잘못되면 끝은 힘들어진다. 그래서 필자는 원인분석 단계가 가장 중요하다고 생각한다. 원인분석이 명확해야 대책도 정확해지고 실행의 완성도가 높아진다. 열심히 하는 것과 잘하는 것의 차이는 크다.

현상파악과 원인분석 후에는 개선 활동으로 이어지는데 여기에는 우선순위가 있을 수 있다. 20:80 법칙에 따라 개선 활동을 전개하기를 권장한다. 물론 100%를 다 개선하면 좋겠지만 20%에 해당하는 소수 인자가 80%를 점유하는 경우가 흔하다. 원인별 점유율을 산정한 후 개선 우선순위를 정해 진행하는 것이 효율적인 방법이다.

추가적으로 한 가지 더 확인해야 할 사항은 '과연 분석한 내용들이 모집단을 대표하는가'이다. 품질은 시료의 편차가 있기 때문에 반드시 모집단에 대한 대표성을 한 번 더 확인해주기를 바란다. 그렇지 않으면 개선의 효과가 떨어질 가능성이 있다.

다음은 대책수립 및 적용 단계이다. 대책 적용은 대책 수립을 통해 대책 유효성을 검증하고 적용하는 절차를 가진다. 원인별 대책을 수립해야 하며 대책에 대한 유효성을 품질 및 신뢰성 측면에서 검증을 해야 한다. 대책수립 및 적용은 주로 연구소에서 주관하여 시행한다.

대책수립 및 적용 단계에서는 관련 팀의 협조를 구하는 것도 중요하다. 연구소와 품질부서는 업무 우선순위가 다를 경우가 많다. 그래서 품질에서 우선순위를 어떻게 올려 주느냐에 따라 개선 일정이 달라진다. 품질 이슈를 제기하더라도 상대방이 잘 이해할 수 있도록 심각성과 우선순위에 대해 정리하여 공유해야 한다. 급하다고 구두로 커뮤니케이션을 하다 보면 서로 간 오해도 생기고 개선일정도 늦어진다.

현상파악과 원인분석이 끝나면 대책 수립과 적용을 위한 개선대책회의를 우선 소집하고 검토내용과 우선순위 심각성 및 요청사항 등에 대해 서로 협의하면 좋다. 서로 간의 명확한 업무분장과 일정 수립을 통해 개선 활동을 진행하도록 지원해야 하며 진행 결과에 대한 진도관리도 진행해야 한다. 서로 바쁘다 보면 일정을 놓치는 경우가 있다.

대책 수립 및 적용과 관련하여 추가적으로 제안한다면 반드시 수평전개를 하라는 것이다. 이를 통해 유사 현상에 대한 확대 개선 여부에 대해 검토하는 게 좋다. 필자도 가끔 수평전개를 해야 한다고 주장하지만 실제 업무를 하다 보면 놓치는 경우도 있었다.

수평전개의 중요성은 경험하지 못하면 잘 모른다. 유사 문제점이

10가지가 있는데 수평전개를 하지 않는다면 한 번에 할 수 있는 일을 10번 나눠서 해야 하는 경우가 생기며 사람과 업무량, 그리고 실패비용도 10배가 더 들게 된다.

혹시 대책에 대한 검증은 했지만 확신을 하지 못한 경우가 있다면 전체 확대 적용하지 말고 필드 테스트나 1~2개 모델 또는 로트에 한해 우선 적용해 보고 개선효과가 있을 시 확대 적용하는 것도 좋은 방법이다. 실제 필자도 이러한 방법을 적용하여 품질문제를 많이 예방했다. 만약 한꺼번에 확대 적용했다면 너무나 큰 품질 실패비용을 경험했을 것이다.

마지막으로 진도관리를 통한 사후관리이다. 대책 적용이 끝이 아니다. 하지만 그렇게 생각하는 경우도 많다. 반드시 진도관리를 통해 개선 유효성을 모니터링 해야 한다. 개선항목에 대해 필드 데이터를 일 단위 또는 주 단위로 분석하여 개선품에 대한 추적 모니터링을 하고 관련 팀에 주기적으로 공유하는 것이 좋다. 만약 개선 효과 모니터링 시 추가 문제가 발생된다면 긴급 추가 대책을 수립해야 하기 때문이다. 될 수 있으면 눈에 보이는 통합관리를 통해 진도관리를 해주기 바란다.

품질문제 해당 로트에 대한 전 범위 문제해결 필요

Step	대 상	조치 방법
기·자·변 (ECO)	•품질 영향도 無 or 少 •품질 영향도 大	•재고 소진 후 적용 •재고 폐기
협력사	•라인 부품/제품 재고 •창고 부품/제품 재고 •2차 협력사 재고 •모기업 납품 재고	•재작업/폐기
모기업	•라인 부품/제품 재고 •창고 부품/제품 재고	•재작업/폐기
물류창고	•부품/제품 재고	•재작업/폐기
고 객	•고객 사용 제품	•AS •하나더서비스 • Before Service

추가적으로 품질문제가 발생한 후 개선을 하면 기존 재고와 설치된 제품에 대한 조치가 필요하다.

개선이 되면 기술자료 변경 통보서와 같은 양식으로 공유되고 관리해야 한다. 기자변 후 기존 재고처리에 대해 항상 논란이 있을 것이다. 기존 재고 폐기와 재사용의 문제다. 기준점을 어떻게 정할 것인가?

필자는 그 기준점을 '품질 영향도'로 잡는다. 품질 영향도가 크면 폐기, 영향도가 적으면 재사용이다. 물론 품질 영향도의 정도는 회사마다 다르기 때문에 적정선에서 결정하기를 바란다. PL 관련은 건수 또는 비용, 불량률 관련은 퍼센트(%) 등을 기준으로 설정하면 된다.

기준이 결정되면 승인원 상에 재고에 대한 처리 기준을 명시하여 공유하는 것이 좋다. 기자변이 발행되면 협력사, 모기업, 물류 창고, 고객 단계의 제품 또는 부품에 대해서도 추가 조치를 진행해야 한다. 협력사 입장에서는 2차 협력사 재고, 생산라인 재고, 창고 재고, 모기업 납품 재고에 대해 조치해야 한다. 조치 방법으로는 재고 폐기 또는 재작업이 있을 수 있다. 모기업 입장에서는 협력사 재고, 생산 라인이나 내부 창고와 물류 창고에 있는 제품과 부품은 폐기나 재작업을 통해 조치가 가능하다. 하지만 고객이 사용 중인 제품에 대해서는 제품교환, AS, 하나 더 서비스, BS 등을 통해 조치가 가능하다.

이렇듯 품질문제가 발생될 경우 또는 개선 후 개선품 적용 시 전체 범위에 걸친 조치가 함께 이뤄져야 효과가 있다. 품질문제 해결시 많은 도움이 됐으면 한다.

Quality

식별성과 추적성

정 의 원자재 구매부터 제품의 생산/출하/유통의 전 단계에 대한 로트를 추적·관리하는 체계

목 적 식별 및 추적성 관리를 통해 문제의 원인을 추적하고 필요한 조치를 하고 재발 방지 대책을 마련하여 고객만족을 실현
(시장이나 고객으로부터 클레임이나 리콜 발생 시 해당 로트에 대한 신속정확한 조치로 고객만족을 달성함은 물론 실패비용을 최소화함)

식 별 성 →

구분	협력사			모기업					고객
	생산	출하	납품	수입검사	자재관리	생산	출하	설치	사용
대 상	제조일/로트/협력사/라인/설비/작업자/Cavity/주간야간/4M변경품/신부품/신제품 등								
식별성	식별표시	식별검사	식별관리	식별검사	식별표시	식별관리	식별검사	설치이력	–
추적성	S/N기록	S/N확인	투입이력	투입이력	투입알람	S/N기록	투입이력	제품기록	–
방 법	전산화/바코드/전자칩/각인/출력물/수기 관리 등								

← **추 적 성**

식별성과 추적성은 원자재 구매부터 제품의 생산, 출하, 유통의 전 단계에 대한 로트를 추적, 관리하는 체계를 말한다.

목적은 식별 및 추적 관리를 통해 문제의 원인을 추적하고 필요한 조치를 하는 것이다. 궁극적으로는 이를 통해 재발 방지 대책을 마련하고 고객만족을 실현하는 것이다. 다시 말하면 시장이나 고객으로부터 클레임이나 리콜 발생 시 해당 로트에 대한 신속 정확한 조치로 고객만족은 물론 실패비용을 최소화하는 데 그 목적

이 있다.

추적성을 위해서는 식별성이 있어야 한다. 반대로 식별성이 있어야 추적성도 있다. 협력사에서부터 부품을 납품한 이후 고객에게 제품이 설치되어 사용되기까지 전 과정에 대한 식별성과 추적성이 확보되어야 한다. 물론 전체 부품을 대상으로 하기에는 비용 및 관리상의 한계가 있을 것이다.

식별성과 추적성을 하는 이유는 앞에서도 설명했지만 특정 로트에서 품질문제가 발생했을 경우 특정 로트에 대해서만 조치하여 고객 혼선 및 품질실패비용을 최소화하는 것이다. 식별성과 추적성이 없으면 조치 대상을 찾기 힘들어 전체 대상을 조치해야 하는 경우가 발생할 수 있다. 왜냐하면 특정 로트를 찾을 수가 없기 때문이다.

만약 한 협력사에서 4M 미신고로 인해 문제의 부품 1,000개가 투입되었다고 가정하자. 이때 필드에서 고객 사용 중에 문제가 발생됐는데 원인을 추적할 수가 없을 경우 조치 대상은 10배, 100배, 1,000배로 늘어날 수 있다. 고객의 피해 및 비용의 규모도 비례하여 커진다고 볼 수 있다. 그래서 식별성과 추적성이 다소 힘들더라도 반드시 시행하면 많은 도움이 된다. 물론 품질문제가 없으면 필요가 없겠지만 그럴 경우는 매우 드물다.

식별성 대상은 협력사 단계에서 고객 단계까지 발생하는 단위별, 요소별 등으로 구분할 필요가 있다.

예를 들어 협력사에서는 생산 시 식별표시를 하고 출하검사 시 식별검사를, 납품 시 식별관리를 해야 한다. 모기업에서는 수입검사 시 식별검사를, 생산 시 식별표시 및 관리를, 출하검사 시 식별검사를, 설치 시 설치이력을 관리해야 한다.

추적성 측면에서는 식별성과 연계하여 투입 S/N 기록, 확인, 이력관리가 필요하다. 이는 협력사 및 모기업에서도 연계하여 관리되어야 한다. 추적성 방법으로는 전산화, 바코드, 전자칩, 각인, 출력물, 수기 관리 등이 있다.

식별성과 추적성이 얼마나 필요하고 중요한지를 평상시에는 느끼지 못할 것이다. 하지만 문제가 발생하면 무엇보다 중요한 것임을 알게 될 것이다.

Quality

품질정보

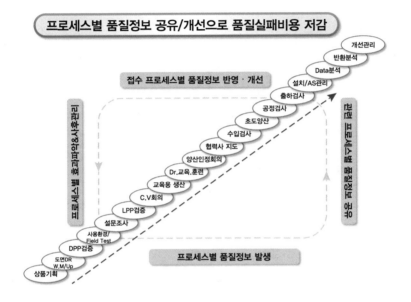

프로세스별 품질정보 공유/개선으로 품질실패비용 저감

접수 프로세스별 품질정보 반영 · 개선

프로세스별 품질정보 발생

프로세스별 효과파악&사후관리

관련 프로세스별 품질정보 공유

개선관리
반환분석
Data분석
설치/AS관리
출하검사
공정검사
초도양산
수입검사
협력사 지도
양산인정회의
Dr.교육,훈련
교육용 생산
C.V회의
LPP검증
설문조사
사용환경/Field Test
DPP검증
도면DR W.M/Up
상품기획

여러분들 회사의 품질정보는 어떻게 관리되고 활용되고 있는가? 품질정보는 제품개발 단계부터 고객 단계까지 전체 과정에서 발생되고, 수집되고, 관리되고, 활용되어야 한다.

품질정보의 유형은 너무나 많다. 실패사례 정보, 각종 검사 정보, 부적합 정보, 신뢰성 정보, 품질실적 정보, 고객불만 정보, 사용환경 정보, 신제품 문제점 정보, 필드 워스트 정보, 품질개선 정보, 협력사 품질정보, 품질시스템 정보, 고객 VOC 정보, 반환분석 정보, AS 정보, 품질실패비용 정보 등이다.

이러한 많은 품질정보는 그림에서와 같이 모든 품질 프로세스상에서 발생되고 연결되어 있다. 때로는 개발 단계의 정보가 필드에서 고객이 사용하는 제품까지 연결되어 활용되고, 고객불만 정보가 개발 단계에서 설계 시 활용된다. 품질정보는 많이 발생되고 분석되고 공유되지만 수집 방법과 공유, 그리고 활용도 측면에서 평가가 필요하다.

회사에서 발생하는 모든 품질정보에 대한 프로세스별 유형과 항목을 정리하여 주기, 보고 대상, 공유 조직 등에 대해 매트릭스 도표를 그려 활용하는 것도 좋은 방법이다.

품질정보가 단순히 보고용으로만 활용되는 경우가 많다. 힘들게 얻은 품질정보를 필요한 조직에 적시에 제공함으로 품질정보의 가치를 현재보다 극대화할 수 있는 방법을 모색해 보기를 기대한다.

품질목표

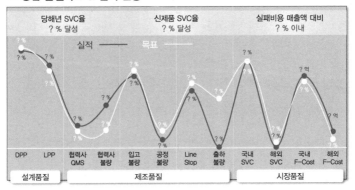

설계부터 필드까지의 관련 품질목표 수립→ 일·월별 진도·개선 관리

○ 종합 품질목표 & 실적 현황

당해년 SVC율 ? % 달성	신제품 SVC율 ? % 달성	실패비용 매출액 대비 ? % 이내

실적 —— 목표 ——

DPP	LPP	협력사 QMS	협력사 불량	입고 불량	공정 불량	Line Stop	출하 불량	국내 SVC	해외 SVC	국내 F-Cost	해외 F-Cost
설계품질		제조품질						시장품질			

품질목표는 전체 품질 프로세스상에서 각 단계별 품질지표를 산정하고 과거 수준을 기준으로 회사와 고객의 요구사항을 반영하여 수립하면 좋을 듯하다.

우선은 과거보다는 향상되어야 하고, 회사와 고객의 요구사항을 충족하며, 개선 활동의 효과가 반영되어야 하고, 주관 조직과 업무 분장이 명확해야 하며, 설계 품질에서 시장 품질까지 연계되는 동시에, 목표달성을 위한 구체적인 방안에 대한 유효성이 있으며, 품질지표의 산출식이 명확하고, 품질목표에 대한 주기적인 모니터링이 되어야 품질목표 운영에 대한 효과가 발생할 것이다.

단순히 품질목표가 평가지표로만 활용되는 경우도 있지만 이보다는 근본적인 품질목표의 의미를 담아 고객만족과 조직의 의지를 반영하여 발전되는 모습으로 활용하기를 바란다. 필자의 경험으로도 주로 평가 목적으로 Top Down 방식의 품질목표를 설정받은 경험도 있다. 품질목표는 노력의 결과가 반드시 반영될 수 있는 조직과 활용의 연계성이 보장되는 것이 좋다. 조직의 노력과 상관이 없거나 도저히 달성할 수 없는 목표를 잡는다면 실행 측면에서 어려움이 발생한다.

품질목표 계획 시 과거 기준으로 유사 워스트를 분석하고 이를 개선하기 위한 개선 계획을 수립하여 조직별 업무분장과 사전 예방관리를 통해 목표달성에 노력할 수 있는 구조로 Break Down되어야 효과가 크다. 물론 품질목표 진도관리를 통해 지속적인 모니터링과 피드백이 있어야 한다.

때로는 품질목표 달성에 대해 노력의 의지와 상관없는 항목과 목표로 인해 포기하고 싶은 마음도 들 것이다.

품질목표는 사후 실적을 대입하여 달성여부를 평가하는 것이 아니라 사전에 철저한 분석과 계획을 통해 조직과 공유하고 실행할 때 비로소 달성 가능하거나 최소한 과거보다 좋아지는 모습을 경험할 수 있을 것으로 본다.

품질 회의체

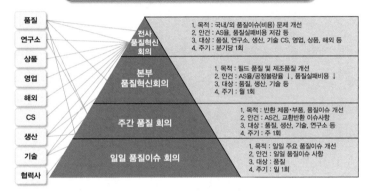

품질 회의체 활성화를 통한 지속적인 품질개선

품질	전사 품질혁신 회의	1. 목적 : 국내/외 품질이슈(비용) 문제 개선 2. 안건 : AS율, 품질실패비용 저감 등 3. 대상 : 품질, 연구소, 생산, 기술 CS, 영업, 상품, 해외 등 4. 주기 : 분기당 1회
연구소		
상품	본부 품질혁신회의	1. 목적 : 필드 품질 및 제조품질 개선 2. 안건 : AS율/공정불량율 ↓, 품질실패비용 ↓ 3. 대상 : 품질, 생산, 기술 등 4. 주기 : 월 1회
영업		
해외		
CS	주간 품질 회의	1. 목적 : 반환 제품·부품, 품질이슈 개선 2. 안건 : AS건, 교환반환 이슈사항 3. 대상 : 품질, 생산, 기술, 연구소 등 4. 주기 : 주 1회
생산		
기술	일일 품질이슈 회의	1. 목적 : 일일 주요 품질이슈 개선 2. 안건 : 일일 품질이슈 사항 3. 대상 : 품질 4. 주기 : 일 1회
협력사		

품질개선 활동에는 여러 가지 방법이 있지만 품질 회의체를 통하는 방법이 효율적이라고 생각한다. 품질 회의체는 목적에 따라 주기와 대상, 그리고 운영방법이 달라질 수 있다.

일 또는 주간 단위 품질 회의체는 관련 팀의 팀장과 담당자 선에서 품질개선 회의체를 운영하는 방법이다. 회의 안건은 제조공정이나 협력사 관련 품질이슈, 필드 품질이슈 등이다.

월 단위 품질 회의체는 본부장과 팀장 선에서 필드 품질 종합 현황 및 품질개선, 내부 제조 및 협력사 관련 중요 품질이슈 협의를 하는 회의이다.

전사 품질혁신 회의는 대표이사가 참석하는 전사 품질이슈에 대한 품질 협의체이다. 이는 분기 또는 반기 주기로 운영되나 필요 시 수시로 소집하여 개최할 수 있다.

필자의 경험으로는 조직의 품질 문화나 품질 정책의 우선여부에 따라 품질 회의체의 규모 및 주기가 달라졌다. 물론 기본적으로 품질 회의체는 품질 정책의 우선순위와 관계없이 진행되는 것이 옳다고 본다. 하지만 현실적으로 품질부서만 주도적으로 운영한다고 해서 품질 회의체에 대한 관심도와 실행도가 높아지는 것이 아닌 듯싶다.

품질 회의체에 대한 CEO의 품질 관심도는 회사마다 다르겠지만 CEO가 참석하는 전사 차원의 품질 회의체를 운영하여 품질 정책을 결정하고 품질에 대한 경영자 검토가 이뤄질 수 있도록 하는 것을 권장하며 담당 및 팀장 선에서 품질문제를 해결하고 예방하는 회의체는 주기적으로 운영하는 것이 필요하다.

중요한 것은 신속하고 정확히 품질문제를 해결하는 것이다. 필자는 일일 품질그물망실 운영을 통해 일 단위 문제점 도출과 주간 단위 품질개선 활동을 전개함으로써 전사 품질혁신회의 필요성이 낮아지는 경험도 했다.

과거 한 달에 한 번 품질실적 분석을 통해 월 단위 보고와 개선 활동을 전개했을 때는 월 1~2회 정도 CEO참석 품질회의를 개최했지만, 이미 주간단위 이슈에 대해서는 담당자선에서 긴급 개선하고 난 이후로는 미개선 회의 안건이 없어졌다.

물론 광의의 품질 측면과 예방 품질 측면의 안건으로 전사 회의체를 운영할 수 있지만 집중도와 실행도 측면에서 효과성이 낮아 보인다.

가장 중요한 것은 실무자 선에서 사전에 문제를 예방하고 문제가 발생하더라도 일 단위 모니터링을 통해 초기에 해결하는 것이다.

품질 업무는 1:10:100 법칙과 같이 뒤로 갈수록, 늦어질수록 힘들어지는 것이 사실이다. 필자는 이미 너무나 많은 경험을 했기에 앞단에서 조금 힘들겠지만 예방 활동에 집중하는 것이 품질 업무를 하는 데 있어 가장 가치 있는 일이라 생각한다.

품질비용의 활용

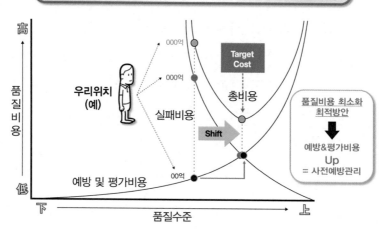

여러분들은 품질비용을 어떻게 활용하고 있는가? 품질비용에 대한 중요성과 필요성을 인식하고 있기에 품질비용의 활용 방법에 대한 고민이 있을 것이다. 사실 품질비용을 관리하는 프로세스나 데이터 분석 및 보고에는 크게 문제가 없어 보인다. 물론 이것도 쉽지만은 않은 일이다.

우선 예방비용과 평가비용을 사전 품질비용이라고 하고, 실패비용을 사후 품질비용이라고 가정하자. 품질비용을 설계 및 집계하여 분석해 보면 여러 가지 형태의 정보를 제공할 수 있다. 물론 목적에 따라 다른 정보를 제공한다. 분석을 해 보면 대부분 사후 품질비용, 즉 실패비용 비율이 가장 높은 것으로 나타날 것이다.

앞의 그림은 품질비용과 품질수준의 상관관계를 나타내는 그래프이다. 해석을 해 보면 예방 및 평가비용이 낮으면 실패비용이 높고 반대로 높으면 실패비용이 낮은 형태로 나타날 것이다. 왜냐하면 앞 단계에서 품질예방을 위해 비용을 쓰면 뒤 단계에서는 실패로 인한 비용이 줄어들 것이다.

만약 여러분 회사의 품질비용 구조가 그림과 같이 실패비용이 예방 및 평가비용보다 크고 총비용이 Target Cost보다 높다면 예방 및 평가비용을 높여서 실패비용을 낮추는 전략을 추진할 필요가 있다. 즉, 사전 예방관리와 검출에 투자해야 한다. 반대로 예방 및 평가비용이 실패비용보다 크고 총비용이 Target Cost보다 높은 경우도 있을 것이다. 이때는 전략적인 판단이 필요하다. 총비용은 높아도 품질의 높은 수준을 유지하여 고객만족을 추구한다는 전략을 사용할 수 있다.

이렇게 실패비용과 예방 및 평가비용의 비율 분석을 통해 품질의 방향을 결정하는 것도 하나의 방법이다.

품질수준 평가

  품질수준을 평가하는 방법은 여러 가지가 있을 수 있다. 현재까지 필자가 경험한 품질수준 평가는 품질시스템, 고객만족도 등을 통한 평가가 대부분이었다. 그리고 평가 또한 외부인에 의해 평가되고 평가 결과에 대한 해석과 신뢰도 측면에서 의문을 가지는 경우도 있을 것이다.

  QCD 관련 품질 정책 관점, 시스템 연계 관련 품질시스템 관점, 비용 관련 품질비용 관점, 지표 관련 품질지표 관점 등의 측면에서 우리의 품질수준을 평가해보는 것도 의미가 있어 보인다.

:: 품질 정책 관점

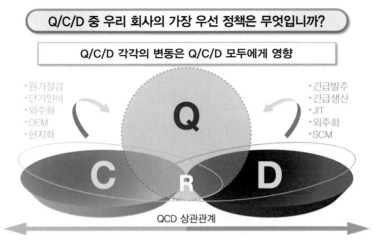

Q/C/D 중 우리 회사의 가장 우선 정책은 무엇입니까?

Q/C/D 각각의 변동은 Q/C/D 모두에게 영향

·원가절감
·단가인하
·외주화
·OEM
·현지화

Q

C   R   D

·긴급발주
·긴급생산
·JIT
·외주화
·SCM

QCD 상관관계

C와 D가 활성화될수록 Q의 변동은 증가

품질 정책 관점에서 우선 우리의 품질수준을 평가해보자. 기업 경영의 핵심 관리 요소가 바로 Quality(품질), Cost(원가), Delivery(납기)이다.

물론 3가지 모두가 너무나 중요하지만 어떤 정책이 더 중요하냐고 묻는다면 경험상 고객사 요구사항에 따라 다르거나 상황에 따라 다르다고 생각한다. 하지만 중요한 것은 세 가지 모두 어느 정도의 수준에는 올라 있어야 한다는 것이다. 다만, 그 영향도가 크지 않은 선에서 정책의 변화가 필요할 것으로 사료된다.

C와 D는 고객과 합의된 내용을 준수하면 어느 정도 유지·관리가 되지만 품질은 살아 숨 쉬기 때문에 변동성이 많다. 기준은 변

함이 없지만 4M+1E의 변화로 항시 리스크가 존재한 채로 움직인다. 그래서 더 중요하고 어렵기도 하다. 결론부터 말하자면 Q는 C와 D에 치명적인 영향을 미치며 Q가 없이는 C와 D가 무의미해질 수 있다. 또한 C와 D가 활성화될수록 Q의 변동은 증가하기 때문에 품질의 영향도를 고려한 C와 D가 설계되어야 한다. 물론 반대일 수도 있다. 과도한 Q 때문에 C와 D가 영향을 받을 수 있다. 하지만 경험상 손실 측면이나 발생 빈도 측면에서는 전자의 가능성이 높다고 판단된다.

그럼 먼저 Q와 C의 상관관계를 살펴보자. 만약 협력사에서 C를 낮추기 위해 원가절감, 단가인하, 외주화, OEM, 현지화를 진행했다고 하자. 이는 용어상으로는 품질과 관계가 없어 보이지만 모두 품질에 치명적인 영향을 미치는 항목이다. 비용과 원가를 절감하기 위해 싼 재료로 변경하고, 인건비를 절감하기 위해 외주화 또는 현지화를 시행하며, 협력사 부품 단가 인하를 하게 되면 품질변동이 발생될 수밖에 없다. 그로 인한 품질 리스크는 경험하지 못했다면 그 영향도를 체감할 수 없을 것이다. 경험상 품질 리스크는 변경 즉시보다 시간이 경과되었을 때 품질사고로 나타나는 경우가 더 많기 때문에 생각하는 것보다 훨씬 리스크가 크고 위험하다. 눈으로 보이는 원가절감을 위해 눈에 보이지 않는 품질 리스크가 더 크다는 점을 간과하는 것은 옳지 않다. 이것을 명심하고 충분한 검증과 협의 후 업무가 진행되기를 희망한다.

다음으로 Q와 D의 상관관계를 살펴보자. 만약 긴급 발주와 긴급 생산을 진행한다고 가정해 보자. 자재부서나 구매부서에서는 자재들에 대한 부품 특성을 이해하기 쉽지 않기 때문에 납기 차원에서만 협력사나 제조사와 커뮤니케이션하기가 쉽다.

하지만 품질부서에 의해 다행히 입고검사에서 발견되어 불합격 처리되거나 검사에서 발견하지 못하면 결국 고객이 사용하면서 발견된 불량품에 대한 품질 리스크는 더욱 커진다.

만약 건조시간, 온도 등에 의해 변하는 품질 특성을 가진 부품이라면 납기를 맞추기 위해 시간이나 온도를 단축할 경우 반드시 품질문제를 유발한다.

3일의 제조프로세스가 필요한데 긴급 발주로 2일 만에 납품한다면 문제가 발생할 가능성이 크다. 즉, 긴급 발주 시에도 부품에 대한 특성 리스트를 참조하여 진행해야 한다.

긴급 생산도 마찬가지다. 정상 프로세스가 아닌 긴급 생산이기 때문에 인력, 장비, 자재 등 준비 시간이 짧은 관계로 준비에 있어 중요한 요소를 놓치는 경우가 종종 발생한다.

그래서 긴급 생산 시스템을 관련 팀과 협의하여 미리 운영 준비를 해놓는 것이 좋다. 긴급 생산은 고객에 의해 언제든지 발생할 수 있기 때문이다.

자세한 연관성은 그림과 같다. 또한 대부분 모기업들은 협력사를 QCD 관점에서 평가하며 인센티브와 페널티 제도를 운영하고 있다. 이 중 Q의 점수는 회사마다 다르지만 30% 이상 점유를 하고 있을 것이다. 만약 워스트 협력사로 평가받을 경우 신제품 참여 제한, 이원화, 물량 조정, 결제 조건 차별화, 전수 검사 등 여러 가지 어려움을 경험하게 될 것이다. Q평가가 나쁘면 C와 D도 언젠가는 영향을 받게 된다. 그러면 경영자는 물론 관리자와 현장 직원들에게까지 영향을 미쳐 전체적인 악순환이 반복된다. 즉, 내부 및 외부 고객은 소리 없이 떠난다는 말이다. 그래서 기업의 지속 가능성을 위해 품질은 기본이며 의무라고 생각된다.

:: 품질시스템 관점

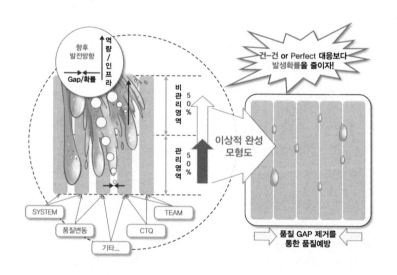

시스템 관점에서 우리의 품질수준을 살펴보자.

그림에서와 같이 나무 칸막이가 어떻게 연계되어 역할을 하느냐에 따라 누수의 양이 결정된다. 여기서 나무 칸막이는 시스템, 품질변동, CTQ, 팀이라고 생각해도 좋다.

우선 각 팀 간 업무 프로세스, 시스템 간 연계성, 각 단계별 품질변동, 제품에 대한 CTQ 항목들의 연계성 등에 의해 품질수준이 결정된다. 이러한 항목들에 대한 단계별 품질 완성도는 그림의 나무 칸막이와 같이 각기 다를 것이다. 품질이슈는 가장 낮은 품질 완성도 단계에서 생길 가능성이 높다.

또한 이러한 항목은 관리 항목과 비관리 항목으로 나뉠 수 있는데 주로 비관리 항목에서 품질이슈가 발생할 것이다. 즉, 이러한 단계별 품질 완성도를 높이기 위해서는 나무 칸막이를 상향평준화해야 한다. 또한 비관리 항목을 줄여 나가야 한다. 그래서 각 단계별 품질 완성도 격차 제거를 통한 품질 예방 활동을 강화해야 품질수준을 높일 수 있다. 우선은 건별로 대응하거나 완벽한 대응을 하려고 하기보다는 품질 이슈 발생확률을 줄이는 데 치중하자. 그러면 건별로 발생하는 품질 이슈도 없어질 것이고, 그러다 보면 어느 순간 완벽한 품질에 도달할 수 있을 것이다.

:: 품질비용 관점

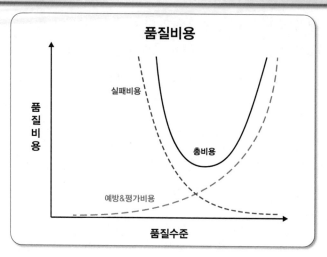

예방비용, 평가비용, 실패비용에 대한 우리의 비용 위치는?

품질비용

품질비용 관점에서 우리의 품질수준을 살펴보자.

품질비용은 예방비용, 평가비용, 실패비용으로 나눠 볼 수 있다. 품질수준에 따라 이 비용의 규모는 달라질 수 있다. 반드시 그렇지는 않지만 대부분 예방비용과 평가비용이 크면 실패비용이 낮은 경우가 많다. 반대로 예방비용과 평가비용이 낮으면 실패비용이 커질 것이다.

회사 입장에서는 총비용이 중요한데 이 3가지 비용의 총합이 총비용이다. 즉, 총비용이 발생하거나 쓰이고 있는데 어디에, 어느 곳에, 어떻게 쓰이느냐가 품질수준을 결정할 수 있다.

앞 단계에서 많이 예방하고 평가하면 뒤 단계에서는 그만큼 실패가 적어질 것이다. 이는 예방비용과 평가비용에 조금 더 투자하면 실패비용이 줄어든다는 것을 암시한다.

결국 실패비용으로 쓰일 비용을 예방비용과 평가비용에 쓰자는 뜻이다. 비용은 같지만 1:10:100 법칙에 의해 1은 예방비용, 10은 평가비용, 100은 실패비용임을 생각하여 1과 10에 투자한다면 100에 해당되는 비용, 시간과 인력에 대한 투자가 혁신적으로 줄 것이 분명하다.

이와 같이 예방비용과 평가비용, 그리고 실패비용의 비율을 산정해 보면 어느 정도 품질수준을 평가할 수 있을 것이다. 즉, 예방비용과 평가비용을 실패비용과 비교하여 분석하고 회사에 필요한 전략을 실행할 것을 권장한다.

중요한 것은 총비용이 낮아지는 것이다. 어떤 비용을 쓰고 어떤 비용을 낮출 것인가는 비용별 분석을 통해 결정할 필요가 있다. 총비용이 높고 실패비용의 비율이 예방비용과 평가비용의 합보다 터무니없이 크다면 품질수준이 높다고 평가할 수 없을 듯하다. 반대로 총비용이 경쟁사보다 낮거나 또는 과거보다 낮아지고 있으면서 예방비용과 평가비용의 비율이 실패비용을 줄이기 위해 적당히 투자되고 있다고 판단될 때 품질수준이 높아지고 있다고 평가할 수 있을 것이다.

실제 필자도 이러한 품질비용 전략으로 실패비용을 줄이기 위해 예방과 평가비용에 수십억 원을 투자하였고, 그 결과 실패비용을 수백억 원 저감하는 성공체험도 했다. 여러분 회사에서도 품질비용 측면에서 품질수준을 한 번 평가해보는 것도 좋을 듯하다.

:: 품질지표 관점

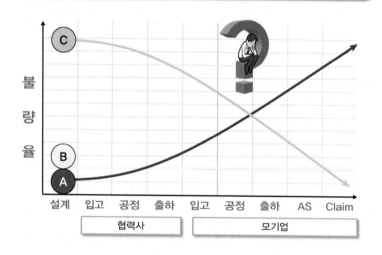

A/B/C 중 우리 회사의 품질 트렌드는? 여러분의 생각은?

품질시표 관점에서 우리의 품질수준을 평가해 보자.

품질지표는 품질을 중요시하는 회사에서는 기본적으로 관리하고 있을 것이다. 다만 이렇게 관리되고 있는 품질지표에 대한 해석이 중요하다. 품질지표가 단순히 데이터로만 끝나는 회사도 종종 있을 것이다. 품질지표는 데이터를 가공하고 분석해서 품질정보를 얻고 이에 대한 가치를 창출하는 데 목적이 있다. 즉, 품질지표 해석을 통해 품질 정책과 방향성에 대한 의사결정 지원을 해야 가치가 있다고 본다.

품질지표는 회사마다 다르겠지만 설계, 협력사, 제조, 고객 단계까지 나타낼 수 있다. 즉, 설계 단계부터 고객 단계까지 품질지표를 측정하고 그림에서와 같이 단계별 추세를 그려 분석한다면 우리 회사의 품질수준과 문제점, 필요한 품질 정책과 그 방향성을 알 수 있을 것이다. 경험상 이러한 품질지표의 트렌드를 연계하여 해석하는 경우는 많지 않았다.

여러분 회사의 품질은 A, B, C중 어떤 추세인가? A추세는 가장 나쁜 추세라고 볼 수 있다. 품질의 법칙 중 1:10:100 법칙과도 연계된다. 즉, 뒤로 갈수록 불량률이 높아져 품질비용이 증가하는 추세다. 앞에서도 설명했지만 비용뿐만 아니라 시간, 노력, 인력 등이 뒤로 갈수록 10배, 100배 증가한다는 것이다. B의 추세는 가장 이상적인 추세라고 할 수 있다. 처음부터 끝까지 불량이 거의 발생되지 않는 이상적인 추세이다. 그런데 과연 이런 회사가 있을까? C의 추세는 가장 현실적으로 좋은 추세라고 할 수 있다. 물론 해석에 따라 다를 수 있지만 초기에 높고 뒤로 갈수록 낮으면 그만큼 품질비용이 낮아진다고 볼 수 있다. 즉, 사후관리보다는 예방관리 체계 구축을 통한 예방 활동을 강화하여 효율을 높이는 것이다.

품질지표 측면에서 중요한 것은 있는 그대로의 품질지표를 나타내는 것이다. 만약 품질기준이 없었다면 기준을 세워야 하고 데이터가 누락되었다면 다시 집계해야 한다. 고객 관점과 협력사 관점에서 실제 필요한 품질지표를 개발하고 관리해야 재무로 연결되어 회사에 기여할 수 있을 것이다. 경영자와 관리자는 지표가 모두 나타날 수 있도록 분위기를 만들어줘야 한다. 즉, 품질지표에 대한 해석과 진단이 잘못되면 산으로 갈 수 있다는 것이다. 그래서 진단 시 협력사에서 보여주는 지표 외에 반드시 실제로 검증하는 절차가 필요하다.

신제품
품질보증 프로세스

설계 단계				DPP						LPP				초도양산
품질설계	도면검토	W/M검토	DR1	T1 샘플	DPP생산	제품 신뢰성 검증	개선 적용	DR2	입고검사	LPP생산	신뢰성검증	DR3	양산인정	초기유동관리

신제품은 회사의 미래를 준비하고 경영이익을 창출하는 데 중요한 역할을 한다. 특별한 준비와 관리가 필요하다.

그래서 신제품 개발 시 품질보증 프로세스에 대해 구체적으로 살펴보자. 이는 회사마다 다르고 책에서는 대표적인 사례만 소개할 것이므로 참고만 하기를 바란다.

프로세스를 크게 설계 단계, DPP, LPP, 초도양산 단계로 구분하여 살펴보겠다.

우선 설계 단계에는 SVC 분석, 실패사례 반영, 도면 검토, FMEA 실시, CTQ 선정, DR1 등이 있다. SVC 분석 시에는 유사 제품이나 타사 제품과 비교하여 서비스율을 분석하고 워스트에 대한 정보 파악 및 개선계획을 수립하여 반영해야 한다. 구체적으로 과거 실패사례 조사와 인터넷, 벤치마킹, 유사 실패사례에 대한 검색 등을 통해 설계에 반드시 반영해야 한다.

그리고 관련 팀들과 도면에 대한 세부 검토가 필요하다. 도면 검토는 신제품 개발 단계에서 가장 중요한 단계라고 필자는 생각한다. 예상 문제점에 대한 사전 검출 및 예방을 위해서는 그래도 어느 정도 눈에 보이는 것이 있어야 한다. 그래야 완성도가 높아진다. 그래서 필자는 도면 검토 단계를 가장 중요시하며 예방을 위한 가장 효율적인 방법을 여기에서부터 시작했다. 철저하게 도면 검토 단계에서 모든 회사의 역량을 집중하여 사전 문제점 도출과 예방 체계를 위해 노력해야 한다.

만약 담당 PM과 담당자들만이 참여하여 개발 프로젝트별로 운영하다 보면 많은 문제점들이 발생되고 필드에서의 품질사고도 자주 일어날 것이다. 즉, 프로젝트별로 개발 완성도와 품질수준의 차이가 클 것이다. 또한 개발 단계 앞에서보다는 뒤로 갈수록 문제점 발생 건수가 증가하고 이를 개선하기 위해 개발기간을 연장해야 할 경우도 있을 것이다. 물론 생각과 도면만으로 검출하는 것과 실제 실물을 보면서 검출하는 것의 차이는 있다. 그렇다고 전부 실물을 보고만 검출할 수 있는 것도 아니다.

그래서 제안하고 싶은 제도가 바로 '품질 전문가위원회'이다. 연구소, 품질, 생산, 기술, 영업, 현장 등 최고 전문가들을 지정하여 도면 검토 회의에 참석하게 한다.

품질 전문가위원회 활동을 전개하면 검출력은 물론 문제점에 대한 질도 많이 향상될 것이다. 눈에 잘 보이지 않는 예상문제점들도 많이 도출된다. 품질사고는 눈에 잘 보이지 않는 품질특성에서 자주 발생한다. 각 조직의 전문가들이 모여 같이 검출하고 예방할 때 그 효과는 기대 이상일 것이다.

다음은 FMEA이다. 물론 FMEA가 도면 검토와 순서가 바뀌어도 큰 상관은 없어 보인다. 단지 FMEA도 어느 정도 수준의 보이는 도면이 있으면 그 완성도는 높아질 수 있기 때문에 같이 병행하는 것도 좋을 듯하다. 회사마다 FMEA에 대해서도 이론과 교육을 통해 많은 시도를 했으리라 본다. 하지만 일부 대기업 등을 빼고는 체계적이고 실질적인 활용은 쉽지가 않을 것이다.

필자의 경험으로도 그랬다. 이론을 몰라서가 아니라 실제 제품에 적용하여 풀어 가기가 쉽지만은 않았다. 혼자만 이해하고 잘한다고 해서 운영되지는 않는다. 연구소에서부터 생산 단계까지 FMEA가 완성도 있게 작성되고 연계되어야 운영이 가능하다. 혹시 FMEA를 프로세스상 잘 운영했더라도 가장 중요한 예상 문제점을 놓친다면 운영의 효과는 반감될 것이다. 그렇다고 FMEA를 안 할 수는 없을 것이다. 전산이나 시스템 등을 통해 회사만의 FMEA 시스템을 구축하기를 바란다. FMEA 시스템을 쉽게 이해하고 작성하고 문제점 도출에 대한 완성도를 높일 수 있는 방향에 대한 고민도 필요하다.

FMEA는 DFMEA와 PFMEA로 나눌 수 있는데 DFMEA는 연구소, PFMEA는 생산관리에서 주관하여 작성되는 것이 좋을 듯하다. DFMEA의 초기 완성도와 연계성에 따라 PFMEA의 수준도 결정되고 운영 여부도 결정되기 때문에 DFMEA의 활용도가 떨어지면 당연히 PFMEA의 완성도도 떨어질 것이다. 이러한 완성도 문제는 FMEA가 잘 운영되지 않은 이유이기도 했다. FMEA를 단순히 심사대응에 활용하기보다는 기업에 필요한 시스템으로 운영하면 큰 도움이 될 듯하다.

품질교육에서 언급했듯이 FMEA 분석 순서와 용어의 연계성, 그리고 실제 실무와 연계된 RPN 계산, CTQ 선정, 관리 계획서 등 실무자들에게 도움이 되는 사례를 발굴하여 운영해 본 결과 완성도와 반응도가 좋았다.

FMEA와 품질 전문가위원회에서 도출된 고객 관점의 중요한 요소들에 대해 CTQ를 선정하고 이에 대한 관리계획을 세워야 한다. CTQ는 제조자 관점보다는 고객 관점에서 중요한 품질특성을 가지고 있기 때문에 이에 대한 구체적이고 실질적인 관리 계획서를 작성해야 한다. 이를 통해 설계개선 또는 관리개선하여 고객 관점의 CTQ 항목에 대해 보증 활동을 해야 한다.

이러한 단계로 설계 단계가 이뤄지면 마지막으로 설계에 대한 최종 합의를 위한 DR1 회의를 개최한다. 설계 단계에서 도출된 문제점들이 모두 개선됐는지에 대해 검토하고 합의하는 회의체이다. 물론 DR1 회의체의 통과 조건은 회사별로 협의하여 운영해야 한다.

설계 단계를 통과했다고 가정하면 다음은 DPP 단계이다. DPP 단계는 연구소 주관으로 운영된다. 설계 단계에서 설계했던 것을 실제 실물로 만들어 보는 단계이다. 실제 실물을 만들어 작동해 보고 설계목적에 맞게 제품이 운영되는지 시제품을 만들어 본다.

DPP가 생산되면 구조 검토나 초기 모니터링을 통해 예상문제점을 검토한다. 물론 생산에서는 DPP 생산 시 발생한 문제점에 대해서는 기록 및 공유해야 한다. 각 팀별로 검토 수량을 수령하여 각자 입장에서 문제점 도출을 한다. 물론 이러한 예상 문제점들은 연구소 PM에게 문서를 통해 전달되고 연구소 담당자들은 이에 대한 전수 대책을 수립하여 공유한다.

신뢰성 시험은 DPP 제품으로 시행한다. 물론 신부품은 사전에 시험에 들어가야 한다. 신뢰성 시험 계획을 세우고 일정을 조율한 뒤 다음 단계를 고려하여 운영되어야 한다. 회사 입장에서는 신뢰성 시험을 막연히 6개월~1년까지 진행하는 것이 어려울 수 있다. 이는 제품 총 개발 기간과 같은 기간이다. 그래서 신뢰성 시험이 중요하기도 하지만 어렵기도 하다. 실제 시험시간은 그렇게 걸릴 수 있지만 시간을 단축할 수 있는 방법을 찾아 운영해야 한다. 예를 들어 가속시험, 실장시험, 악조건 승인 시험 등을 통해 기간 내에 검출력을 높여야 할 것이다.

여기서 필드테스트도 반드시 시행되어야 한다. 필드테스트는 실제 고객의 사용환경 조건에서 신제품을 사용하게 하는 것이다. 이는 시험실 내에서 시험하고 검출하는 것이 한계를 가지고 있기 때문에 고객 관점에서 고객 사용패턴으로 사용하게 해 보는 것이다.

즉, 시험실과 실제 필드 조건에서 크로스 체크하는 개념이라고 보면 된다. 제조자 관점으로 잘못 판정하게 되면 출시 후 고객불만으로 다가올 가능성이 크다. 반드시 고객 관점에서 판정하고 개선할 수 있어야 한다.

필드테스트 후 반드시 설문조사를 실시한 후 실제 사용 대상자를 대상으로 철저히 모니터링하여 신제품 품질완성도를 높이는 데 잘 활용해야 한다.

품질관리 입장에서는 부품 검사 시뮬레이션을 통해 신부품 관리계획 및 검사 포인트 설정, 검사 기준 마련 등 준비를 해야 한다. 물론 협력사에 대한 지도와 보증계획도 같이 진행해야 한다.

마지막으로 DPP 단계를 통해 발생한 문제점들에 대한 개선여부 확인과 다음 단계 진행을 위해 DR2 회의를 진행한다.

다음은 LPP 단계이다. LPP는 DPP와 거의 유사한 방법으로 진행한다. LPP는 연구소 주관이 아닌 생산이나 생산관리에서 주관하여 진행한다는 점이 다르다. DPP보다 완성도가 높은 수준이기 때문에 실제 생산 라인에 올려 시생산을 해보면서 양산 시 문제점들에 대해 사전 도출하고 준비하는 단계이다.

LPP 단계에서는 실제 부품 입고검사, 공정검사, 출하검사를 통해 검사 보증 시스템도 반영되어야 한다. 물론 생산 시 공정검사나 파이널 검사도 설계되고 운영되어야 한다.

추가적으로 LPP 이후 다음 단계를 위해서는 협력사의 준비상태도 사전 점검되어야 한다. 부품 수급 일정은 물론 품질보증안도 미리 마련되어야 한다. 협력사 품질책임자와 회의를 통해 CTQ 특별관리 및 검사계획에 대해 공유하고 사전 협의해야 한다.

이 단계에서는 신뢰성 시험과 조금 다른 고객 사용환경 관점에서 초기 품질을 보증하는 시험도 병행되어야 한다. 신뢰성 시험 같이 장기 내구성시험 외에 초기 고객 관점의 시험법을 마련하여 초기 사용 시 오동작 및 불편사항에 대해서도 같이 평가하고 보증해야 한다. LPP 단계에서도 역시나 최종 개선 여부 확인을 위한 DR3를 진행해야 한다.

DR3 회의가 끝나면 이제는 마지막으로 신제품 전체 일정을 종합하여 최종 양산 의사결정을 하는 양산인정회의를 개최한다. 양산인정회의 주관은 품질 또는 생산 담당 부서에서 진행한다. 회의 결과는 승인, 조건부 승인, 승인불가로 구분된다.

다음은 초도 양산 단계이다. 신제품의 초도 양산에 대한 사전 일정과 수량을 협의하고 공유한다. 처음으로 신제품을 대량 생산하기 때문에 또 다른 변수가 발생할 수 있다. 참고로 초도 생산 수량을 최소화하고 다소 안정되었을 때 확대 생산하는 것도 좋은 방법 중 하나다. 그 효과는 생각보다 클 것이다.

물론 처음부터 좋은 품질로 대량 생산하면 좋겠지만 신부품과 신제품에 대한 생각지 못한 품질변동, 작업 숙련도, 사용환경, 고객요구사항 등에 의한 변수가 종종 발생하기 때문에 회사별 수준에 따라 탄력적으로 운영되기를 바란다.

출시 후에는 신제품에 대한 고객반응 및 품질상황에 대해 매일 모니터링하고 분석해야 한다. 이를 통해 초기 발생 불만에 대해 신속하고 정확히 개선할 수 있도록 TFT를 운영하는 것도 좋은 방법이다.

신제품에 대한 품질보증 프로세스는 이렇게 복잡하게 구성되어 있기 때문에 프로세스에 대한 연계성과 완성도가 매우 중요하다.

눈으로
보이는 품질경영

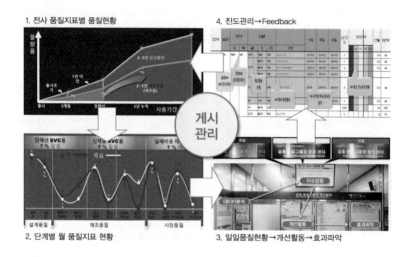

무엇보다도 중요한 것은 품질이 눈에 보이게 하는 것이다. 그래야 품질이 관리될 가능성이 높고 전 회사의 관심과 참여가 이뤄질 것이다. 설계에서 고객 단계까지 품질의 흐름과 품질이슈를 내부적으로 노출시켜 품질 전체 모습을 인식하고 방향성을 제시할 필요가 있다. 물론 이렇게 가시화하는 작업은 품질부서원 개인이 스스로 효율적인 업무분장을 하는 데 도움이 될 것이다. 회사 전체 프로세스 관점과 지표 관점에서 약점을 찾아 혁신 대상부터 지표와 현상을 게시하고 공유할 때 공감대를 형성할 수 있고 이는 관심과 실천으로 이어져 자연스럽게 성과로 이어질 것으로 기대한다. 월간보고나 연간보고 같은 죽어 있는 데이터보다 일일 데이터 같은 살아 숨 쉬는 정보가 공유될 때 품질 리스크의 크기와 품질실패비용의 규모는 혁신적으로 줄어들 것이다. 시그널의 적시성과 신속성이 품질의 수준을 결정한다고 본다. 품질혁신 활동의 성과물도 눈에 보이는 관리의 역할이 매우 클 것으로 생각한다. 문제가 문제로 보일 때, 문제를 알게 된 이상 지나칠 수 없을 때, 게시물을 보고 잊고 있던 포인트나 이슈들이 생각이 날 때, 혼자가 아닌 전체 프로세스상의 모든 공정에서 자주관리가 실천될 때 안정적인 품질의 모습이 정착되리라 믿는다.

품질지표에 대한 전체적인 품질현황 및 이슈도출, 품질 단계별 월 품질지표 현황 및 이슈도출, 일 단위 품질 데이터 분석을 통한 이슈도출 및 분석, 월간 지표와 일 지표 분석에서 도출된 품질이슈에 대한 개선 활동 전개 현황 및 내용, 개선품에 대한 효과파악, 전체적인 개선 진도관리표 운영 및 피드백 등의 순서로 품질에 대한 전체적인 현황과 흐름, 이슈, 개선 활동, 효과파악까지 한눈에 보이도록 품질경영 활동을 할 때 품질 리스크는 최소화되고 품질실패비용 또한 획기적으로 감소할 것이다.

PART
04

품질의 맥 잡기

품질혁신 방법론

구분	품질혁신 Step		
1	• 〈품질의 맥〉 이론 교육		
2	• 〈품질의 맥〉 실습 교육		
3	• 품질시스템 진단/평가		
4	• 〈품질의 맥〉 전사 교육		
5	Visual QI	품질지표 혁신	• 품질 눈높이 맞추기 • 검출력 향상 • 검사시스템 구축 • 신제품 예방관리 • 품질변동 예방관리 • 품질실패비용 혁신
		시스템 혁신	• 품질시스템 표준화
6	• 유지관리(품질지표+품질시스템)		

중건기업이나 중소기업 근무자라면 품질혁신에 대한 필요성은 누구나 공감할 것으로 보인다. 지금까지도 많은 기업에서 품질혁신을 위한 노력을 하고 있으나 효과와 유지관리 측면에서는 미지수였다.

그래서 필자가 약 10개 협력사를 대상으로 품질혁신을 기획하고 운영했던 성공사례를 토대로 품질혁신 방법론을 소개하고자 한다.

이 방법은 총 6단계로 구성되어 있다. 바로 현업에서 적용할 수 있도록 품질이론 교육, 실습 교육, 그리고 혁신 활동까지 연계하여 설계하고 운영했다.

품질혁신의 방향은 신속하고 정확한 진단과 처방으로 기업 맞춤형 최적 품질혁신 프로그램 운영을 하는 것이다. 다시 말해 최단 시간 내에 최고의 혁신 성과를 극대화하는 것이다. 물론 성과 유지관리는 기본 전제이다. 기간이 오래 걸리거나, 비용이 많이 들거나, 업무량이 많아지거나, 방향성이 모호하거나, 참여도가 낮은 혁신 활동은 실패 가능성이 높다.

혁신 방법은 품질 전 단계에 걸쳐 해당 협력사만의 품질의 맥을 잡는 것으로 시작했다. 협력사별 맞춤형 진단과 처방을 내리고 약점에 대해 우선 집중 혁신 활동을 전개했다. 결과적으로 품질문제 발생 가능성을 사전에 검출하여 현저히 낮추는 전략이다. 이럴 경우 효과도 빨리 나타났고 고객 또는 구성원들의 긍정적인 반응이 서로에 대한 신뢰를 높였다. 구성원 모두 참여하고 실천하는 모습으로 변했다.

모든 구성원들이 품질에 대한 이해와 흐름, 품질혁신 활동의 필요성을 공감하지 못한다면 적극적인 참여와 관심도 일어나지 않을 것이다.

여기서 이야기하는 품질의 맥은 지금까지 필자가 설명한 모든 품질 항목에 대한 이해와 경험을 토대로 하는 것이다. 품질 전체 프로세스를 대상으로 품질시스템과 품질실적을 진단 평가하여 해당 회사만의 차별화된 맞춤형 방법을 찾는 것을 말한다.

첫째, 품질의 맥 이론교육을 진행했다. 품질의 맥을 구성하는 약 83개 품질 항목 전체에 대한 개념과 흐름, 그리고 목적성에 대해 교육했다. 대상은 우선 협력사 품질팀장, 품질실무자, 관련 팀 실무자였다. 협력사 입장에서는 품질관련 전체를 실행하는 것이 다소 비효율적일 수 있다. 따라서 품질 전체의 모습 중에 협력사에 필요한 품질항목에 대한 이해와 실행이 필요하다. 이를 통해 품질에 대한 협력사만의 품질의 맥을 잡는 것이 가장 효율적이고 그 성과 또한 클 수 있다. 시간과 비용, 인력의 한계를 고려한 최적의 해법을 찾는 방법이다. 교육내용은 품질 일반이론과 실제 참여 협력사의 현재 고민과 연계된 내용이어야 했다. 그래야 쉽게 받아들이고 응용하여 실무에 적용할 수 있을 것이었다. 일방적으로 전달하지 않고 서로 토의하고 질문하는 양방향 의사소통을 통해 이행하고 실행가능성을 체감할 수 있도록 했다.

둘째, 품질의 맥 실습교육을 실시했다. 품질의 맥 이론교육을 근거로 동시에 실제 협력사에서 생산하고 납품하는 부품 또는 제품을 토대로 실습을 진행했다. 물론 모기업에 대한 제품교육도 동시에 진행하면서 협력사의 부품이 어떤 위치에서, 어떤 역할을 하는지에 대해 서로 공유했다. 이론과 현실에 차이가 있다는 것은 모두 아는 사실일 것이다. 품질교육을 받기는 하지만 협력사에 적용하려면 많은 고민과 응용이 필요하다. 그래서 쉽게 바로 적용할 수 있도록 모기업과 협력사의 실물을 가지고 진행했다. 유사 업종의 협력사로 그룹을 묶어 서로 공유하고 토론하도록 지원했다. 실제 모기업의 제품과 협력사별 제조 부품을 연결하여 품질의 맥에서 배운 이론을 접목하도록 한 것이다. 협력사에 필요한 품질변동 관리 포인트와 집중 특성관리가 필요한 CTQ를 도출하고 관리할 수 있는 방법론에 대해 토의하고 대안을 합동으로 찾는 훈련을 전개했다. 처음에는 주로 눈에 보이는 것들 위주로 도출했지만 교육 후 고객 관점에서 광의 품질개념을 적용했더니 눈에 잘 보이지 않는 살아 숨 쉬는 품질변동 포인트가 눈에 보이기 시작했다. 대부분의 품질사고는 눈에 잘 안 보이는 포인트 및 품질특성에서 발생된다.

셋째, 협력사 품질시스템 진단 및 평가를 실시했다. 품질의 맥 교육을 품질팀장, 품질실무자, 관련 팀 실무자를 대상으로 실시했지만 협력사 전체 품질 프로세스에 녹여 스스로 실천하기에는 한계가 있어 보였다. 교육을 받을 시에는 교육의 내용을 이해할 수 있었지만 현업 적용 시에는 협력사 상황에 맞는 응용이 필요한 경우가 많았다. 그래서 교육 수료 대상 협력사별 출장을 감행했다. 품질 진단과 평가를 직접 같이 진행하면서 교육과 실습으로 배운 내용들을 연계하도록 도왔다. 품질의 맥을 교육받았기 때문에 평가시트와 문제점에 대해서는 다들 잘 이해하는 편이었다. 품질시스템 평가시트를 토대로 품질의 맥에서 배운 내용을 반영하여 기업에 필요한 있는 그대로의 평가를 진행하여 서로 공감대가 형성된 평가결과를 도출했다. 물론 평가 시 평가 점수와 문제점에 대해 명확히 서로 이해해야 혁신 활동의 방향성을 결정하고 옳은 방향의 혁신을 전개할 수 있다. 그래서 최고 품질 전문가에 의한 품질 진단과 평가가 중요하다.

넷째, 협력사 전체를 대상으로 품질의 맥 교육을 실시했다. 품질 혁신은 전사가 참여하여 실천할 때 완성도와 효과성이 커진다. 앞에서 실시한 품질교육과 연계하여 현장 품질시스템 진단과 평가를 통해 도출된 내용을 토대로 협력사 관리직 전체 규모의 집체 교육을 실시하여 문제점과 시스템 간 연계성에 대해 공감대를 형성하고 공유했다. 모기업 품질지표와 현장 진단 평가 시 약점을 연계하여 분석하고 '왜 품질이 움직이는가'에 대해 협력사 현실을 반영하여 교육하고 토의했다. 그래야 품질혁신 진행 시 반감이나 거리감이 줄어들 것이기 때문이었다.

주요 대상은 협력사 CEO와 임직원 전체를 대상으로 했다. 즉, 협력사가 품질혁신을 해야 할 항목과 방향성, 그리고 목표가 여기서부터 설정된다고 할 수 있다. 여기서부터 품질에 대한 눈높이가 고객과 어느 정도 일치하기 시작한다.

다섯째, 품질의 맥을 토대로 Visual QI를 실행했다. Visual QI(Quality Innovation)는 필자가 개발한 품질혁신 방법으로 설계에서부터 고객까지 품질 전 단계, 품질시스템, 품질지표, 품질실패비용의 효과가 눈에 보이도록 혁신하는 협력사 맞춤형 상생 품질혁신 프로그램이다.

Visual QI의 내용에는 품질 눈높이 맞추기, 검출력 향상, 검사시스템 구축, 신제품 예방관리, 품질변동 예방관리, 품질지표 혁신,

품질실패비용 혁신, 품질시스템 표준화 등이 있다.

각각의 추진방법론에 대해서 자세히 알아보자. 이는 품질의 맥 이론과 실습 교육, 협력사 진단 및 평가, 협력사 전체교육 내용을 토대로 협력사와 모기업 품질 전문가가 합동하여 상생 맞춤형 품질혁신을 진행한 결과물이자 성공사례이다.

우선 품질시스템 측면에서 진단이다. 진단항목에 대한 이해와 목적성이 있어야 한다. 단순히 시스템을 위한 문서와 규정, 그리고 실행 실적이 있으면 대부분 후한 점수를 줄 것으로 예상한다. 하지만 실제 문서와 규정, 그리고 실행 실적이 협력사의 실제 품질실적과 연계되어 효과가 발생하고 목적성이 분명해야 협력사에 도움이 될 것이다.

만약 수십 가지 항목에 대한 평가를 문서 위주가 아닌 실제 실행 위주로 진행했다고 가정하자.

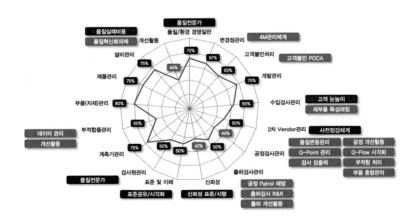

차트에서 보듯이 협력사별 품질시스템 평가 시 강점과 약점은 다르게 나타날 것이다. 예를 들어 빨간색 점수는 협력사의 약점이라고 볼 수 있다. 품질은 약점에서부터 살아 숨 쉴 가능성이 높다. 위와 같이 협력사 평가는 누구나 할 수 있지만 평가 결과가 품질실적과 실제 연계성을 살펴보는 것이 중요하다. 만약 그림에서와 같이 개선 활동의 평가 점수가 44점이라고 가정해 보자. 대부분의 협력사들은 품질개선 활동을 전개하고 있다. 개선시스템도 있고, 실제 개선회의체도 운영하고 있을 것이다. 진단 시 높은 점수를 받을 수 있지만 필자는 실적 연계성과 효과성을 보기 위해 실제 공정불량의 연간, 월간 추세를 동시에 진단을 한다. 공정불량 지표가 과거와 비슷하거나 오히려 늘었다면, 열심히는 했지만 시스템만 있다고 판단하여 낮은 점수를 부여한다. 개선 활동은 지표향상을 통한 품질실패비용 감소, 생산성 향상, 고객만족 측면에 목적이 있을 것이다. 즉, 시스템 목적에 맞지 않게 운영되고 있기에 시스템 점수만 주어진다. 이처럼 그림에서와 같이 실제 내외부 실패사례를 평가표 옆에 매칭하여 표현하면 더 좋은 평가표가 될 수 있다. 그러한 약점을 잘 짚어 개선 또는 혁신할 때 품질혁신 성과가 바로 나타나고 이는 곧 품질 안정화로 이어질 가능성이 높다.

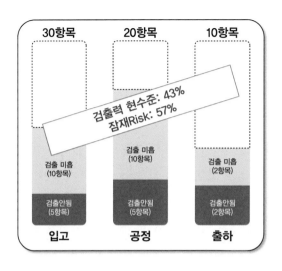

이제 검출력의 현 수준을 분석하여 고객과 관리 포인트와 기준을 맞춰야 할 것이다. 여기에는 부품별 검사 및 관리항목이 설계에서 출하까지 전 과정에 포함되어야 한다. 예를 들어 고객 관점의 입고, 공정, 출하 단계에서 검사 및 관리항목이 총 60가지 항목인데 협력사 관점에서는 26가지 항목만 검사·관리를 한다면 협력사의 현재 검출력은 43%라고 볼 수 있다. 반대로 해석하면 57%의 품질 리스크를 가지고 있는 것이다. 경험상 57% 품질 리스크는 대부분 품질이슈로 드러났다.

그래야 비로소 검사 및 관리의 유효성이 있다고 할 수 있다. 이를 통해 협력사 검사 및 관리 프로세스에 녹여 관리할 때 품질을 예방할 수 있다. 추가적으로 설비 및 계측기 개선, 표준문서 개정 등을 통해 품질시스템화할 수 있다. 반드시 현실성과 유효성 검증을 한 후 표준화할 것을 추천한다.

다음으로 검사 및 관리의 포인트가 설정이 되면 검사 프로세스 맵핑을 통해 각 단계별로 실행한다. 협력사의 설계, 입고, 공정, 출하 단계별 품질지표를 토대로 목표 품질추세를 설정하고 이를 달성하기 위한 단계별 검사 프로세스 맵핑과 업무 분장을 통해 각 단계별 대책을 실행해야 한다. 설계, 생산, 품질 등 주요 실행 부서 간의 업무분장과 중요 품질 요소에 대해서 서로 약속하고 보증할 수 있어야 한다.

그리고 고객 눈높이와 품질기준을 활용하여 최종적으로 입고검사, 공정검사, 출하검사 등에 반영하여 검사하고 관리해야 한다. 걱정되는 것은 과거 대비 검사 포인트 증가와 업무 과부하가 일어나 힘들 수 있다는 점이다. 그러나 점차적으로 검출력이 향상되고 예방관리하게 되면 후단에서 일이 점차 줄어들 것이다. 그러면 자연스럽게 앞단에서 예방할 수 있는 시간들이 많아질 것이다. 사후관리 단계에서 80% 일하던 것을 사전단계로 전환하면 그 효과는 더 크게 나타날 것이다. 단지 사후에서 사전으로 가는 과정에 드는 시간과 노력의 투자는 반드시 필요하다. 이때 품질의 맥을 잘못 잡으면 시간만 흐르고 효과는 없을 수 있으니 맥을 잘 잡았으면 한다.

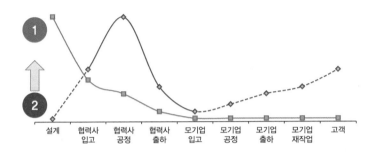

또한 검사 및 예방 활동을 통해 수집된 데이터를 분석하고 가공하여 정보화해야 한다. 그러면 그림에서와 같이 각 단계별 품질추세가 보일 것이다. 2번 그래프와 같이 혁신 전에는 협력사 공정 단계에서부터 고객 단계까지 품질지표가 증가하는 모습을 보일 경우 혁신을 통해서 1번 그래프와 같이 협력사 출하 이전 단계에서 최대한 검출하고 출하하는 것이 협력사와 모기업, 그리고 고객 관점에서 가장 효율적인 프로세스의 흐름이라고 생각한다. 이는 곧 1:10:100 법칙에 근거하여 추세가 2에서 1로 전환하면 최고의 품질혁신 성과를 달성했다고 볼 수 있다. 이러한 품질지표는 현재 혁신 활동의 유효성을 동시에 평가할 수 있다. 즉, 열심히 하는 것과 잘하는 것을 바로 판단할 수 있다.

데이터와 정보가 수집되면 우선순위 선정을 통해 품질개선 활동을 전개해야 한다. 품질지표를 단계별로 집계하여 나온 추세와 현상에 대한 정보를 이제는 알게 됐을 것이다. 이러한 데이터의 가공과 분석을 통해 고객 단계에서 설계 단계까지 역순으로 워스트 현상을 개선하는 것이 필요하다. 이 워스트가 결국은 협력사의 품질 수준을 결정하기 때문이다. 즉, 지표 개선 순서는 고객 단계에서 설계 단계로 역순이다. 이 순서대로 개선 활동을 전개하는 것이 고객 관점에서 더 효과적이라고 필자는 생각한다. 그 이유는 앞에서 설명했다.

고객과의 눈높이 맞추기, 검출력 향상, 검사 프로세스 맵핑, 검사반영, 데이터 분석 및 정보화, 품질혁신 활동 등 여러 가지 방법으로 순차적 품질관리 체계를 설계해 운영하더라도 우리가 인지하지 못했던 품질변동 요소가 있기에 품질 이슈는 발생하게 마련이다. 이는 품질변동 요소들이 주로 눈에 잘 보이지 않기 때문이다. 이런 품질변동 요소들은 4M의 변화에 의해 대부분 발생한다. 물론 Cavity나 부품 간 편차에 따른 안전율 변화 등에도 영향을 받는다. 그러므로 품질을 검토할 때 발생 가능한 모든 인자들에 대한 측정을 통해 상한치, 하한치를 파악하고 최악의 조합으로 품질 리스크를 검증한다면 품질변동으로 인한 품질 리스크는 크게 줄어들 것이다.

회사에 존재하는 품질변동 요소들에 대해 미리 파악하여 예방 관리할 때 비로소 살아 숨 쉬는 품질 리스크를 하나씩 잡아낼 수 있다. 이는 가장 효율적으로 빠르게 품질을 안정시킬 수 있는 방법

중의 하나이다. 따라서 품질변동 요소를 찾아 어디서, 어떻게 검사 및 예방을 할 것인지에 대해 설계하는 것이 매우 중요하다.

지금까지 설명한 내용들은 주로 현재 생산되고 있는 양산품에 대한 품질혁신 방법론들이다. 하지만 회사에서는 신제품도 동시에 개발하고 있거나 준비 중에 있을 것이다. 이들 신제품은 개발된 이후 초도 생산이 되고 시간이 지나면 양산품으로 변하기 때문에 신제품에 대한 사전 준비와 예방을 통해 대량 생산 전에 품질을 보증할 수 있는 프로세스를 운영해야 한다.

새로운 제품을 개발할 때 품질을 보증할 수 있는 프로세스를 적절히 운영하기란 쉽지 않다. 그리고 품질 이슈는 양산품보다 신제품에서 발생할 가능성이 높다. 왜냐하면 지금까지의 고객요구사항, 사용환경 그리고 품질변동 요소 등에 대한 정보와 경험이 적고 이에 대한 품질 전문가도 많지 않기 때문이다. 그렇기 때문에 신제품에 대한 품질보증 프로세스 운영이 중요하다. 필자의 경험으로도 신제품이 양산품보다 품질이슈가 많았다. 그래서 협력사 품질혁신 활동 시 이에 대한 협력사 자체 품질보증 프로세스를 구축하여 합동으로 운영하면서 영향도와 효과를 경험하게 했다. 이는 물론 성공적이었다. 과거에는 신제품 생산 시 품질이슈로 고객과 모기업의 클레임을 경험했으나 자체 품질보증 활동 이후에는 그런 일이 현저히 감소했다. 여기서 가장 중요한 것은 신제품에 대한 품질변동요소를 사전에 예측해 관리하는 것이었다.

관리 포인트 설정과 검사는 대부분 협력사에서도 진행할 것이다. 하지만 품질변동에 대한 특별관리 측면에서는 많은 보완과 도움이 필요했다. 고객 관점 측면에서 집중적으로 해체, 측정, 분석하여 품질변동 요소의 발생 가능성을 처음부터 제거했다.

앞에서 언급한 모든 내용들의 결과물은 품질지표와 더불어 품질실패비용으로 나타낼 수 있다. 혁신 전과 후의 비용을 집계하여 혁신 후의 효과를 비용으로 환산하여 비교 평가하면 혁신성과를 나타낼 수 있고 평가할 수 있다. 즉, 품질실패비용을 관리하고 혁신해야 한다.

협력사의 예를 들어보자. 품질실패비용은 주로 고객 단계의 필드 클레임과 모기업 단계의 전수 검사 또는 재작업으로 인한 비용이 대부분일 것이다. 물론 이와 관련된 물류비와 인건비도 포함된다. 품질비용에는 예방비용, 평가비용, 실패비용이 있지만 운영 효율성 측면에서 실패비용이 가장 크고 효과성 측면에서도 중요도가 있기 때문에 예방비용, 평가비용을 산정·관리하는 것도 좋지만 실패비용에 한해서 우선 저감 활동을 하는 것을 추천하고자 한다.

품질실패비용에 대한 정의와 해석, 그리고 관리 기준은 협력사마다 달랐다. 이는 모기업 기준과도 달랐다. 비교해 본 결과 최소 1.5배에서 최대 7배까지 실패비용의 규모 차이가 났다. 비용의 규모에 따라 중요도와 심각도는 달리 해석될 것이다. 대부분 현실화 후에 비용 규모를 보고 품질혁신의 필요성을 강하게 느꼈다. 품질실패비용은 영업이익에서 차감되는 항목으로 순이익에 직결되는 아주 중요한 관리요소 중 하나이다.

품질지표에서도 우선순위가 있지만 품질실패비용 측면에서도 우선순위가 있다. 협력사 측면에서는 품질실패비용이, 모기업 및 고객 측면에서는 품질지표 측면이 더 우선시 될 것으로 본다. 즉, 품질지표와 품질실패비용 2가지 모두 매우 중요한 지표이기에 회사의 상황에 맞는 우선 과제를 선정한 후 혁신하는 것을 추천한다.

여섯째, 유지관리 여부를 평가했다. 아무리 좋은 품질혁신도 유지관리를 통해 회사에 기여하지 못하면 확대되지 못하고 관심도 끌 수 없다. 품질혁신의 성공 여부는 유지관리에 있다. 그래도 Visual QI를 통한 혁신결과는 다행히도 2년 이상 유지관리되고 있었다.

참고로 품질지표 혁신과 유지관리를 위해 실행한 프로세스와 결과물을 토대로 품질시스템 표준화를 전개하면 자연스럽게 현업과 연결되어 품질시스템이 운영된다. 즉, 품질시스템 혁신도 동시에 이뤄졌다고 볼 수 있다. 협력사가 품질혁신 결과물을 유지관리하고 있다는 것은 협력사 스스로 품질관리 역량을 갖추고 있다는 것으로 해석할 수 있다.

마지막으로 품질의 맥을 통해 성공적인 Visual QI를 실행한 협력사의 품질팀장의 의견을 들어 보고 마무리하고자 한다.

모기업과 협력관계를 두고 있는 협력사들에게는 품질관리의 질적 수준이 단순히 관리해야 하는 대상을 넘어선다. 경쟁사와의 차별성을 얻어내야 한다는, 생존 과제인 것이다. 또한 모기업의 품질관리에 의존하는 방법만으로는 이러한 경쟁상황에서 살아남을 수 없다는 것도 '어느 정도의' 품질관리를 운영하는 회사라면 모두 인지하고 있는 사실이다. 문제는 말 그대로 '어느 정도의' 품질관리 수준을 어떻게 넘어야 하는지가 막막하다는 것이었다. 큰 벽과 같이 느껴졌다. 모기업에 의존한 '어느 정도의' 품질관리에서 '자생적인' 품질관리로 변모해 가게 된 큰 요인은 아래 4가지였다.

첫째 : 품질의 맥 교육과 상생 품질혁신 프로젝트인 Visual QI를 실행하면서 모기업의 품질관리 관점과 협력사 품질관리 관점의 동기화를 이뤄냈다. 이는 '상상의 품질관리'에서 '현실의 품질관리' 체계로 변모하는 계기가 됐다.

둘째 : 신제품에 대한 품질 리스크 및 품질변동을 도출해 내는 관점 변화와 기법을 학습했다. 이를 통해 품질 전문가의 분석력과 방법을 배워 품질관리 요원들의 역량이 향상되었고, 이는 자연스럽게 관리 수준을 높이는 바탕이 되었다.

셋째 : 자금 투자 또는 검출시간을 늘리는 등의 소모적인 방식을 통해 행하던 관리에서 인자의 발생을 추적하고 눈에 보이는 관리로 전환했다. 맥을 짚어 개선하는 방법을 습득하여 효율적인 품질관리 기법을 배울 수 있었다.

넷째 : 전사적인 품질관리라는 식상한 표어에서 탈피했다. Top Down 형태의 활동이 아닌, 조직원이 필요성을 느껴서 Bottom Up 형태의 협의체가 생겨난 것이다. 이는 의식적인 변화를 가져오는 데 중요한 계기가 됐다.

- W사 품질팀장

머릿속으로 생각은 했지만 방법이나 체계를 몰라 실행하지 못했던 것들을 품질의 맥 교육 및 Visual QI를 실행하며 배울 수 있었고 결과적으로 품질관리 역량을 키울 수 있었다.

자재 및 부품에 대한 입고, 제조공정, 완제품 출하까지 실행 위주의 품질관리 시스템 구축, 체계적인 관리 툴 구축이 이루어졌다. 이를 통해 인지하지 못한 부분이나 누락된 부분의 관리를 실행할 수 있게 되었고, 툴을 기준으로 한 공정 및 담당자 지정으로 명확한 품질관리가 이뤄졌다. 이러한 사항에 관한 관리 포인트는 PC에서 관리되어지고 이는 다시 한 번 품질관리 단계별로 확인할 수밖에 없기 때문에, 현장 작업자 및 담당 관리자가 품질 경각심과 관리의 필요성을 스스로 인지하여 실천하게 되었다. 이와 같이 지시에 의한 실행이 아닌 현장 및 시스템에 의한 자연스러운 실행이 이뤄지고 있었다. '무엇을, 언제, 어떻게 볼 것인가?'에 대한 우리 회사만의 품질의 맥이 보이기 시작했다.

- Q사 품질팀장